3. 관리가 합격의 차이!
해커스이기에 가능한 **단기합격 관리 시스템**

업계 단독! 어디서도 볼 수 없었던
논술 끝장 집중케어 시스템

실전 대비 필수 코스!
해커스 전국 실전 무료 모의고사

수강생이라면 누구나! 1:1 집중케어
교수님께 질문하기 서비스

카톡, 전화로 언제 어디서나!
1:1 전문 상담진과 학습 상담

해커스행정사
핵심이론 강의 20% 할인권
0572D4AKK5334000

이용 경로
해커스행정사(adm.Hackers.com) 접속 후 로그인 ▶
메인페이지 우측 하단 [쿠폰&수강권 등록] 입력란에 쿠폰번호 등록 후 이용

* 유효기간: 2026년 12월 31일까지(등록 후 7일간 사용 가능)

▲ 쿠폰 등록 바로가기

해커스행정사
쌩기초특강 무료 수강권

이용 경로
해커스행정사(adm.Hackers.com) 접속 후 로그인 ▶
사이트 메인 상단의 [이벤트] 클릭 ▶
[★쌩기초특강 전과목 무료!] 배너 클릭 후 수강 신청 ▶
[마이클래스 - 패스 강좌]에서 강의 수강

* 신청 후 15일간 수강 가능(매일 선착순 100명 제공, ID당 1회에 한해 이용 가능)

▲ 지금 바로 무료 수강

한 번에 합격! 해커스행정사 adm.Hackers.com

해커스행정사 양기백 민법총칙

1차 핵심요약집

양기백

약력

현 | 해커스행정사 민법총칙 강사
해커스 공인중개사 부동산공시법령 강사
해커스 중개실무강의 대표강사
해커스 감정평가사 감정평가관계법규 강사

전 | EBS 부동산공시법령 전임강사
노량진 · 종로 · 강남 박문각 부동산공시법령 전임강사

저서

해커스행정사 양기백 민법총칙 1차 핵심요약집
해커스행정사 양기백 민법총칙 1차 기본서
해커스 감정평가사 양기백 감정평가관계법규 1차 기출+예상문제집
해커스 감정평가사 양기백 감정평가관계법규 기본서
해커스 공인중개사 키워드 한손노트 2차 부동산공시법령
공인중개사 부동산공시법령 기본서, 박문각
공인중개사 부동산공시법령 기본서, 북파인
공인중개사 부동산공시법령 기본서, 랜드하나

서문

민법총칙은 행정사 1차 객관식 시험 과목으로, 본서는 행정사 민법총칙 과목의 특성을 감안하여 집필하였습니다.

『해커스행정사 민법총칙 핵심요약집』은 다음과 같은 점에 중점을 두었습니다.

첫째, 조문은 가장 기본적인 객관식 문제의 지문입니다. 본서는 조문을 그대로 전반에 수록하였으며, 조문을 반복 숙지하여 안정적인 점수를 확보하고 수험생이 민법총칙의 기본 체계를 확립할 수 있도록 하였습니다.

둘째, 본문 내용을 대부분 기출되었던 지문으로 구성하여, 본서의 내용이 숙지되면 자연스럽게 실제 시험에서도 적용할 수 있도록 하였습니다.

셋째, 법령 과목 시험은 법령 규정의 문구 그 자체와 판례를 지문으로 출제합니다. 이에 본서는 실제 시험에 적합하도록 편저자의 주관적 의사나 표현방식을 자제하고 법령의 체계와 법령 및 판례의 표현 그대로를 서술하도록 노력하였습니다.

행정사 1차 시험은 상대평가가 아니므로 평균 60점 이상이면 누구나 합격할 수 있는 시험입니다. 따라서 너무 지엽적인 문제에 집착하지 마시고 기본서를 참고하여 본 교재로 핵심내용을 정리하면 반드시 좋은 결과가 있을 것입니다.

'흔들리지 않고 피는 꽃은 없다'고 하였습니다.
수험생활 중에 지치기도 하고 때로는 방황할 수도 있습니다. 그러나 처음 공부하기로 마음먹었던 이유와 뜻을 되새기기를 바랍니다. 중요한 것은 꺾이지 않는 마음입니다.
여러분의 노력과 인내가 아름다운 꽃으로 피어날 것을 믿으면서 수험생 여러분의 행복과 합격을 기원합니다.

2025년 여름에
양기백 올림

목차

이 책의 구성	6
행정사 시험안내	8
출제경향분석 및 수험대책	10

제1장 통칙

제1절	민법의 의의	14
제2절	민법의 법원(法源)	14

제3장 권리의 주체

제1절	총설	30
제2절	자연인	30
제3절	법인	46

제2장 법률관계와 권리·의무

제1절	권리와 의무	20
제2절	신의성실의 원칙과 권리남용금지의 원칙	23

제4장 권리의 객체 - 물건

제1절	물건	70
제2절	부동산과 동산	71
제3절	주물과 종물	73
제4절	원물과 과실	75

제5장 권리의 변동

제1절	서설	78
제2절	법률행위	79
제3절	의사표시	90
제4절	법률행위의 대리	104
제5절	법률행위의 무효와 취소	120
제6절	조건과 기한(법률행위의 부관)	128

제6장 기간   136

제7장 소멸시효

제1절	서설	140
제2절	소멸시효의 요건	141
제3절	소멸시효의 중단과 정지	144
제4절	소멸시효의 효력	149

이 책의 구성

꼭 알아야 하는 필수개념 압축정리!

행정사 1차 시험 대비를 위한 필수개념만을 압축정리하여, 민법총칙 과목을 단기간에 효과적으로 학습할 수 있도록 구성하였습니다.

제1절 ■ 서설

1. 권리변동의 모습

권리의 발생(취득)	원시취득	무주물선점(제252조), 유실물습득(제253조), 매장물발견(제254조), 시효취득(제245조), 선의취득(제249조), 첨부(제256조 이하), 신축건물
	승계취득	이전적 승계 — 특정승계(매매, 교환 등) / 포괄승계(상속, 포괄유증, 회사합병)
		설정적 승계
권리의 변경	주체의 변경	이전적 승계
	내용의 변경	질적 변경 / 양적 변경
	작용의 변경	
권리의 소멸	절대적 소멸	
	상대적 소멸	

2. 권리변동의 원인

(1) 법률요건(法律要件)
① 법률요건이란 법률효과를 발생하게 하는 원인 내지 법률관계변동의 원인을 말한다.
② 법률요건은 행위자가 원하는 대로 법률효과가 발생하는 '법률행위(계약 등)'와 법률의 규정에 의하여 법률효과가 발생하는 '법률규정(상속, 판결, 경매 등)'으로 나뉜다.

(2) 법률사실(法律事實)
① 의의: 법률요건을 구성하는 개개의 구체적 사실을 말한다.

청약 또는 승낙의 의사표시(법률사실) ➡ 매매계약(법률요건) ➡ 매매의 효과(법률효과)

1. 출제 가능성이 높은 핵심이론을 선별하여, 시험에 나올 내용만을 단기간에 집중적으로 학습할 수 있습니다.

2. 최근 개정된 법령을 교재 내 이론에 전면 반영하여 학습 시점에 맞는 정확한 내용으로 학습할 수 있습니다.

3. 복잡하거나 이해하기 어려운 내용은 도식화하여 쉽게 이해하고 효과적으로 암기할 수 있으며, 헷갈리는 이론은 표를 통해 쉽게 비교, 정리할 수 있습니다.

다양한 학습장치를 통한 효율적인 학습!

압축 이론을 빠르게 정리하고 반복할 수 있도록, 다양한 학습장치를 통해 실전 대비에 효과적인 구조로 구성하였습니다.

1. Plus 보충
압축 이론과 관련하여 추가로 알아두면 좋을 내용을 "Plus 보충" 코너로 선별하여, 심화 학습이 가능하도록 구성하였습니다.

2. 판례 및 조문
반드시 알아야 할 핵심 판례와 조문을 이론과 연계하여 수록하였습니다. 이를 통해 단순 암기를 넘어 이론을 유기적으로 연계하여 학습할 수 있도록 구성하였습니다.

3. Tip
학습 시 주의해야 할 내용이나 헷갈리기 쉬운 이론은 "Tip"을 통해 한 번 더 설명하였습니다. 이를 통해 세부적인 내용까지 꼼꼼히 확인하고 정리할 수 있습니다.

행정사 시험안내

▌원서 접수방법

- 국가자격시험 행정사 홈페이지(www.Q-net.or.kr/site/haengjung)에 접속하여 소정의 절차를 거쳐 원서를 접수합니다.
- 인터넷 원서 접수 시 최근 6개월 이내에 촬영한 본인의 여권용 사진(300×400 이상, dpi 300 권장, JPG, 용량 200KB 이하)을 등록합니다.
- 응시 수수료는 1차 25,000원, 2차 40,000원입니다.
  *2025년 제13회 행정사 시험 일반응시자 기준

▌시험 과목 및 시간

차수 및 교시		시험 과목		문항 수	시간
1차	1교시	• 민법(총칙 관련 내용으로 한정) • 행정법 • 행정학개론(지방자치행정 포함)		과목당 25문항 (총 75문항)	75분 (09:30~10:45)
2차	1교시	• 민법(계약 관련 내용으로 한정) • 행정절차론(행정절차법 포함)		과목당 4문항 (논술 1문제, 약술 3문제)	100분 (09:30~11:10)
	2교시	[공통] 사무관리론(민원 처리에 관한 법률, 행정업무의 운영 및 혁신에 관한 규정 포함)	[선택(택1)] • 행정사실무법(행정심판사례, 비송사건절차법) • 해사실무법(선박안전법, 해운법, 해사안전기본법, 해상교통안전법, 해양사고의 조사 및 심판에 관한 법률) • 해당 외국어(외국어능력검정시험으로 대체)		일반·해사 100분 (11:40~13:20) 외국어번역 50분 (11:40~12:30)

2026 해커스행정사 양기백 민법총칙
1차 핵심요약집

▌시험일정 및 방법

구분	2025년 제13회 1차	2025년 제13회 2차
시험일정	2025년 5월 31일(토)	2025년 9월 27일(토)
합격자 발표	2025년 7월 2일(수)	2025년 12월 10일(수)
방법	• 객관식 5지 선택형 • 국가전문자격 공통 표준형카드에 답안 작성	• 논술형 및 약술형 • 국가전문자격 주관식 답안지에 답안 작성

*2025년 제13회 행정사 시험 기준
*정확한 일정은 국가자격시험 행정사 홈페이지 공지사항 참고

▌최종 정답 및 합격자 발표

최종 정답 발표	인터넷(www.Q-net.or.kr/site/haengjung)을 통하여 확인 가능합니다.
합격자 발표	최종 합격자 발표는 1차 및 2차 시험을 각각 치른 약 한 달 후에 행정사 홈페이지(www.Q-net.or.kr/site/haengjung) 혹은 ARS(1666-0100, 유료)를 통하여 확인 가능합니다.
합격자 결정 방법	• 제1차 시험과 제2차 시험 합격자는 과목(제2차 시험의 외국어시험은 외국어능력검정시험으로 대체)당 100점을 만점으로 하여 모든 과목의 점수가 40점 이상이고, 전 과목의 평균 점수가 60점 이상인 사람을 합격자로 합니다. • 단, 2차 시험 합격자가 최소 선발인원보다 적은 경우에는 최소 선발인원이 될 때까지 모든 과목의 점수가 40점 이상인 사람 중에서 전 과목 평균 점수가 높은 순으로 합격자를 추가로 결정하고, 이 경우 동점자가 있어 최소 선발인원을 초과하는 경우에는 그 동점자 모두를 합격자로 합니다. • 최소 선발인원이 적용되는 일반·해사행정사(공무원 경력에 의해 2차 시험 일부 과목을 면제받는 응시자 포함) 2차 시험에서 합격자 결정 시, 공무원 경력 일부 과목 면제 합격자 수에 상관없이 일반 응시자가 최소 선발인원에 도달할 때까지 점수 순위에 따라 추가 합격자로 합니다.

출제경향분석 및 수험대책

▮ 편별 출제비중(제13회~제1회)

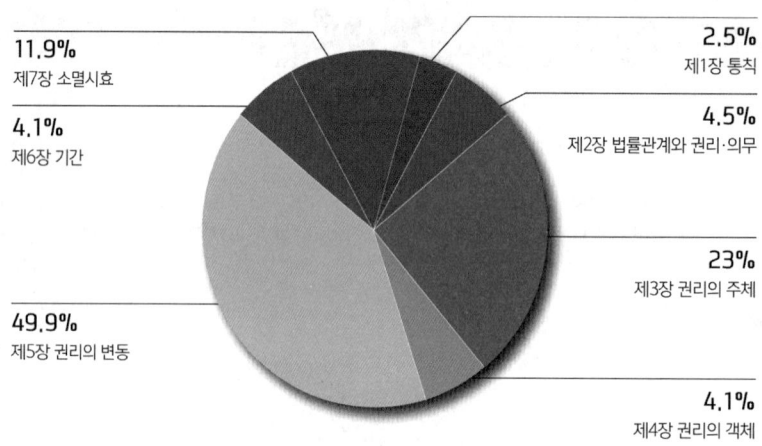

- 11.9% 제7장 소멸시효
- 4.1% 제6장 기간
- 49.9% 제5장 권리의 변동
- 2.5% 제1장 통칙
- 4.5% 제2장 법률관계와 권리·의무
- 23% 제3장 권리의 주체
- 4.1% 제4장 권리의 객체

▮ 장별 출제비중(제13회~제1회)

구분		출제비율
1장	통칙	2.5%
2장	법률관계와 권리·의무	4.5%
3장	제1절 총설	0.0%
	제2절 자연인	10.7%
	제3절 법인	12.3%
4장	권리의 객체	4.1%
5장	제1절 총설	0.0%
	제2절 법률행위	10.2%
	제3절 의사표시	12.7%
	제4절 법률행위의 대리	13.5%
	제5절 법률행위의 무효와 취소	9.4%
	제6절 조건과 기한(법률행위의 부관)	4.1%
6장	기간	4.1%
7장	소멸시효	11.9%

2025년 제13회 민법총칙 총평

- 이번 2025년 제13회 행정사 시험은 예년과 비교하여 비슷한 난이도로 출제되었습니다. 평소 성실히 수업을 듣고 정리하셨다면 무난히 고득점을 받을 수 있을 것이라 생각합니다.
- 옳은 지문을 묻는 문제는 8개였으며, 사례 겸 박스형 문제가 1문제 출제되었습니다. 이는 예년과 비슷한 수준이거나 약간 쉬운 수준이었습니다.
- 구체적으로 기출문제가 반복 출제되었으며, 어려운 지문이 있더라도 정답 지문은 명백히 보이는 문제가 많았습니다. 종합적으로 예년과 비슷한 수준의 평이한 문제였다고 생각합니다.

2026년 제14회 민법총칙 수험대책

- 기존의 기출문제 유형과 난이도에서 크게 벗어나지 않는다면, 2026년 제14회 시험도 기출문제 위주로 핵심적인 내용만 정리하시면 좋은 결과가 있을 것입니다.
- 먼저 기본적인 민법의 기초개념을 정립하시고, 기본개념 위에 조문과 판례이론을 강의 커리큘럼에 맞게 성실히 따라만 와주신다면 무난히 합격점수를 얻을 수 있을 것이라 생각합니다. 열심히 하셔서 좋은 결과가 있기를 바랍니다.

해커스행정사
adm.Hackers.com

제1장

통칙

제1장 통칙

제1절 ▎ 민법의 의의

1. 형식적 의미의 민법
형식적 의미의 민법이란 민법전(民法典)을 말한다. 현재 본문 1,118개조로 구성되어 있다.

2. 실질적 의미의 민법
① 실질적 의미의 민법이란 개인과 개인사이의 권리관계를 규율하는 실체법으로서 사법의 일반법을 말한다.
② 형식적 민법과 실질적 민법은 반드시 일치하는 것은 아니다. 즉, 형식적 민법은 대부분 실질적 의미의 민법에 해당하지만 법인 이사의 벌칙같은 형벌법규(제97조), 채권의 강제이행의 방법(제389조)과 같은 절차법 규정도 포함되어 있다.

제2절 ▎ 민법의 법원(法源)

> 제1조【법원】민사에 관하여 법률에 규정이 없으면 관습법에 의하고 관습법이 없으면 조리에 의한다.

1. 법원의 의의
① 민법의 법원은 민사에 관한 분쟁에 있어서 적용하여야 할 기준을 의미한다.
② 민법은 제1조에서 법원의 적용순서로서 ㉠ 법률, ㉡ 관습법, ㉢ 조리를 규정하고 있다. 이는 법률을 우선 적용하는 성문법주의를 원칙으로 하면서 보충적으로 불문법인 관습법과 조리를 적용하도록 하고 있는 것이다.

2. 법률
민법 제1조에서 말하는 '법률'은 국회에서 제정·공포된 형식적 의미의 법률만 의미하는 것이 아니고 성문화된 법규명령, 조약, 자치법규 등 성문법 전체를 말하는 것이다. 헌법에 의하여 체결·공포된 조약이나 일반적으로 승인된 국제법규도 민법의 법원이 될 수 있다.

3. 관습법

(1) 의의

관습법이란 사회의 거듭된 관행으로 생성된 사회생활규범이 사회의 법적 확신과 인식에 의하여 법적 규범으로 승인·강행되기에 이른 것을 말한다. 사회의 거듭된 관행으로 생성한 어떤 사회생활규범이 법적 규범으로 승인되기에 이르렀다고 하기 위하여는 헌법을 최상위 규범으로 하는 전체 법질서에 반하지 아니하는 것이어야 한다.

관습법 ○	명인방법, 관습법상 법정지상권, 분묘기지권, 명의신탁, 동산양도담보
관습법 ×	사도통행권, 온천권, 공원이용권, 미등기 무허가건물의 양수인의 소유권에 준하는 관습상의 물권

판례

1. 미등기 무허가건물의 양수인이라 할지라도 그 소유권이전등기를 경료받지 않는 한 그 건물에 대한 소유권을 취득할 수 없고, 그러한 상태의 건물 양수인에게 소유권에 준하는 관습상의 물권이 있다고 볼 수도 없으므로, 건물을 신축하여 그 소유권을 원시취득한 자로부터 그 건물을 매수하였으나 아직 소유권이전등기를 갖추지 못한 자는 그 건물의 불법점거자에 대하여 직접 자신의 소유권 등에 기하여 명도를 청구할 수는 없다(대판 2007다11347).
2. 구 장사 등에 관한 법률(이하 '장사법'이라 한다)의 시행일인 2001.1.13. 이전에 타인의 토지에 분묘를 설치한 다음 20년간 평온·공연하게 분묘의 기지(基地)를 점유함으로써 분묘기지권을 시효로 취득하였더라도, 분묘기지권자는 토지소유자가 분묘기지에 관한 지료를 청구하면 그 청구한 날부터의 지료를 지급할 의무가 있다고 보아야 한다(대판 2017다228007 전합).

(2) 성립요건

구분	관습법	사실인 관습(법 제106조)
의의	사회의 거듭된 관행으로 생성한 사회생활규범이 사회의 법적 확신과 인식에 의하여 법적 규범으로 승인·강행되기에 이른 것	사회의 관행에 의하여 발생한 사회생활규범이지만 사회의 법적 확신이나 인식에 의하여 법적 규범으로서 승인된 정도에 이르지 않은 것
성립요건	① 관행이 존재 ② 법적 확신 ③ 법질서에 반하지 아니하는 것 (TIP) 법원의 재판(국가승인)은 요건 아님	① 관행이 존재 ② 선량한 풍속 기타 사회질서에 반하지 않을 것 (TIP) 법적 확신은 요건 아님
효력	법원으로서 법령의 효력을 가짐(법 규범)	법원이 아니므로 법령으로서 효력은 없고 법률행위의 당사자의 의사표시를 보충하는 것에 그침(사실)
입증책임	법원이 직권으로 확정	그 존재를 당사자가 주장·입증

(3) 성립시기 및 효력

① 관습법은 법원의 판결에 의하여 그 존재가 확인되지만, 성립시기는 그 관습이 법적 확신을 얻은 때로 소급한다는 것이 통설이다.
② 관습법은 법률의 규정이 없는 사항에 한하여 보충적으로 적용된다.

> **판례**
> 1. 가정의례준칙 제13조의 규정과 배치되는 관습법의 효력을 인정하는 것은 관습법의 제정법에 대한 열후적, 보충적 성격에 비추어 민법 제1조의 취지에 어긋나는 것이다(대판 80다3231).
> 2. 사회의 거듭된 관행으로 생성된 사회생활규범이 관습법으로 승인되었다고 하더라도 사회 구성원들이 그러한 관행의 법적 구속력에 대하여 확신을 갖지 않게 되었다거나, 사회를 지배하는 기본적 이념이나 사회질서의 변화로 인하여 그러한 관습법을 적용하여야 할 시점에 있어서의 전체 법질서에 부합하지 않게 되었다면 그러한 관습법은 법적 규범으로서의 효력이 부정될 수밖에 없다(대판 2002다1178 전합).

4. 조리

조리는 사물의 이치를 말하는 것으로서 경험칙, 사회통념, 신의성실 등으로 표현되기도 한다.

5. 판례

① 우리나라는 성문법주의를 원칙으로 하고 있으므로 영미법계와 달리 판례를 법원으로 인정하지 않는다(다수설).
② "상급법원의 재판에 있어서의 판단은 당해 사건에 관하여 하급심을 기속한다."고 법원조직법 제8조는 규정하고 있으나, 이는 '당해 사건'에 한정해서 기속하는 것이므로 판례의 일반적 법원성을 인정하는 것이라 볼 수 없다.
③ 법률에 대한 헌법재판소의 위헌결정은 법원 기타 국가기관 및 지방자치단체를 기속하므로(헌법재판소법 제47조 제1항), 그 결정내용이 민사에 관한 것인 때에는 민법의 법원이 된다.

해커스행정사
adm.Hackers.com

제2장

법률관계와 권리·의무

제2장 법률관계와 권리·의무

제1절 ▮ 권리와 의무

1. 권리

(1) 의의

① 권리란 일반적으로 '일정한 이익을 누릴 수 있도록 법이 인정한 힘'을 말한다(권리법력설: 통설).

② 의무란 '반드시 따라야 할 법률상의 구속'을 말한다.

(2) 구별개념

① **권능**: 권리의 내용을 이루는 개개의 법률상의 능력을 말한다. 예컨대 소유권이라는 권리는 소유물을 사용·수익·처분할 수 있는 것을 내용으로 하는데(제211조), 이때의 사용·수익·처분은 소유권의 권능이 된다.

② **권한**: 대리인의 대리권처럼 타인을 위해 일정한 행위를 하고 그로 인한 법률효과를 그 타인에게 발생하게 할 수 있는 법률상의 자격이나 지위를 말한다.

③ **권원**: 일정한 법률상 또는 사실상의 행위를 하는 것을 정당화시키는 법률상의 원인을 말한다. 예컨대 타인의 토지에 건물을 지은 경우에 그 토지를 사용할 권원이 있어야 하는데, 그러한 것으로는 지상권, 임차권 등이 있다.

2. 의무

① 의무란 의무자의 의사와는 관계없이 반드시 따라야 할 법률상의 구속을 말한다. 의무는 그 내용에 따라 어떤 행위를 하여야 할 작위의무와 하지 않아야 할 부작위의무로 나뉜다.

② 의무는 권리에 대응하는 관계에 있지만 항상 그런 것은 아니다. 즉, 권리만 있고 의무는 없는 경우도 있고(취소권, 추인권, 해제권), 반대로 의무만 있고 권리는 없는 경우도 있다[공고의무(제88조), 등기의무(제50조, 제85조 등)].

3. 권리의 종류

(1) 내용에 의한 분류

① **인격권(人格權)**: 사람의 생명·신체·자유·명예·정조 등 '권리자 자신의 인격 그 자체를 목적으로 하는 권리'를 말한다.

② 재산권
  ⊙ 물권: 물건을 직접 지배하여 그로부터 발생하는 이익을 배타적으로 누릴 수 있는 권리를 말한다(소유권, 점유권, 지상권, 지역권, 전세권, 유치권, 저당권 등). 물권은 물건을 직접 지배하면서 누구에게나 주장할 수 있다는 점에서 절대권(絶對權) 또는 대세권(對世權)이라고도 한다.
  ⊙ 채권: 특정인(채권자)이 다른 특정인(채무자)에게 일정한 행위(급부)를 청구할 수 있는 권리를 말한다. 채권은 특정한 사람에 대한 권리이므로 이를 상대권(相對權) 또는 대인권(對人權)이라고도 한다.
  ⊙ 지식재산권: 발명이나 저작과 같이 정신적·지능적 창작물을 독점적으로 지배하는 것을 내용으로 하는 권리를 말한다(특허권, 상표권, 디자인권, 저작권 등).
③ 가족권: '부부, 친자, 친족과 같은 신분적 지위에 수반하여 생기는 가족관계의 이익을 내용으로 하는 권리'를 말하며, 친권(親權)이나 상속권 등이 있다.
④ 사원권(社員權): 단체의 구성원이 그 구성원이라는 지위에 기하여 단체에 대하여 가지는 권리를 말한다. 사단법인의 사원의 권리, 주식회사의 주주권 등이 이에 속한다.

(2) 효력에 의한 분류

① 지배권(支配權): 권리자가 '권리의 객체를 직접 배타적으로 지배하는 권리'를 말하며, 권리자가 모든 사람에 대해 그 권리를 주장할 수 있다는 점에서 이를 절대권·대세권이라고도 한다(물권·인격권·가족권 등).
② 청구권(請求權): '권리자가 어떤 권리에 기초하여 의무자에 대해 특정의 행위(작위·부작위)를 청구할 수 있는 권리'를 말하며, 특정한 의무자에게 주장할 수 있다는 점에서 이를 상대권·대인권이라고도 한다.
③ 형성권(形成權)
  ⊙ 형성권이란 권리자의 일방적인 의사표시에 의하여 일정한 권리변동을 가져오게 하는 권리를 말한다. 따라서 상대방의 지위를 불안하게 하는 조건이나 기한을 붙일 수 없는 것이 원칙이다.
  ⊙ 형성권은 권리자의 의사표시만으로 효과가 발생하는 경우와 반드시 재판상 행사하여야 하는 경우가 있다. 그리고 명칭은 청구권이지만 실제는 형성권인 경우도 있다.

권리자의 의사표시만으로 효과를 발생하는 것	• 법률행위의 동의권(제5조, 제10조) • 제한능력자의 상대방의 촉구·철회·거절권(제15조, 제16조) • 취소권(제140조) • 추인권(제143조) • 계약의 해제권·해지권(제543조) • 상계권(제492조) 등
재판상으로 권리를 행사하여 그 판결에 의해 효과가 발생하는 것	채권자취소권(제406조), 혼인취소권(제816조), 재판상이혼권(제840조) 등

> **Plus 보충** 표현은 청구권이지만 실질은 형성권인 권리
> - 공유물분할청구권(제268조)
> - 지상권자의 지상물매수청구권(제283조)
> - 전세권자의 부속물매수청구권(제316조)
> - 임차인의 지상물매수청구권(제643조)
> - 지상권설정자의 지상권소멸청구권(제287조)
> - 전세권설정자의 전세권소멸청구권(제311조) 등

④ **항변권(抗辯權)**: '상대방의 청구권행사에 대하여 이를 거부할 수 있는 권리'를 말한다(동시이행의 항변권 등).

4. 권리의 경합

① '권리의 경합'이란 하나의 생활사실이 수개의 법규의 요건을 충족하여 동일한 목적을 가지는 수개의 권리가 동일한 권리자에게 발생하는 경우를 말한다. 경합하는 하나의 권리를 행사하여 그 목적을 달성하는 경우에는 나머지 권리는 모두 소멸한다. 예컨대 법률행위가 사기에 의한 것으로 취소되는 경우에 그 법률행위가 동시에 불법행위를 구성하는 때에는 취소의 효과로 생기는 부당이득반환청구권과 불법행위로 인한 손해배상청구권은 경합하여 병존한다.

② '법조경합'이란 하나의 생활사실이 수개의 법규사실을 충족하지만, 그 수개의 법규가 특별법과 일반법의 관계에 있는 경우 전자의 법규만 적용되는 것을 말한다. 예를 들어 공무원의 직무상의 불법행위에 대한 책임에 관하여 국가배상법 제2조와 민법 제756조가 경합하는 경우 국가배상법만이 적용되는 경우이다.

5. 권리의 충돌

(1) 의의

동일한 객체에 수개의 권리가 존재하는 경우에 그 객체가 권리 모두를 만족시키지 못하는 경우를 권리의 충돌이라 한다.

(2) 권리의 충돌과 권리의 순위

① 물권과 물권의 충돌

　㉠ 소유권과 제한물권 사이에는 제한물권이 소유권에 항상 우선한다.

　㉡ 동일물에 양립할 수 없는 물권이 함께 성립할 수는 없다. 예를 들면 하나의 물건에 소유권이 두 개 성립할 수 없고, 동일한 지상권이 두 개 성립할 수 없다. 이때에는 시간적으로 먼저 성립한 물권이 우선한다.

　㉢ 동일물에 서로 다른 내용의 물권은 양립할 수 있다(전세권과 저당권). 이 경우에 먼저 성립한 물권이 우선한다.

② **물권과 채권의 충돌**: 동일물에 대해 물권과 채권이 충돌한 때에는 그 성립시기를 불문하고 물권이 우선한다.

③ **채권 상호 간의 충돌**: 채권은 상대권이므로 동일한 채무자에 대하여 수개의 채권이 충돌하는 경우에는 채권성립의 선후와 상관없이 평등하게 다루어진다.

제2절 ▎신의성실의 원칙과 권리남용금지의 원칙

> **제2조 【신의성실】** ① 권리의 행사와 의무의 이행은 신의에 좇아 성실히 하여야 한다.
> ② 권리는 남용하지 못한다.

1. 의의

① **일반조항**: 제2조는 신의성실이라는 추상적인 표현만을 하고, 구체적으로 무엇이 신의성실에 합치되는지를 밝히지 않고 있다. 즉, 제2조는 제103조와 더불어 대표적인 일반조항(제왕조항)이다.

② **추상적 규범성**: 신의성실의 원칙은 추상적 규범이다. 따라서 사적자치의 영역을 넘어 공공질서를 위하여 공익적 요구를 선행시켜야 할 사안인 행정법률 관계에서는 원칙적으로 합법성의 원칙은 신의성실의 원칙보다 우월한 것이므로 신의성실의 원칙은 합법성의 원칙을 희생하여서라도 구체적 신뢰보호의 필요성이 인정되는 경우에 비로소 적용된다(대판 2021다207489·207496).

③ **강행법규성**: 신의성실의 원칙에 반하는 것 또는 권리남용은 강행규정에 위배되는 것이므로 당사자의 주장이 없더라도 법원은 직권으로 판단할 수 있다(대판 94다42129).

2. 신의칙의 기능

신의칙은 권리와 의무의 내용을 보다 구체적으로 정하는 기능(부수적 의무 발생)을 하고 구체적 타당성 실현을 하며 법률행위의 내용을 수정하는 기능(사정변경의 원칙)이 있다.

판례

1. 보증제도는 본질적으로 주채무자의 무자력으로 인한 채권자의 위험을 인수하는 것이므로 보증인이 주채무자의 자력에 대하여 조사한 후 보증계약을 체결할 것인지의 여부를 스스로 결정하여야 하는 것이고, 채권자가 보증인에게 채무자의 신용상태를 고지할 신의칙상의 의무는 존재하지 아니한다(대판 99다68652).
2. 부동산 거래에 있어 거래 상대방이 일정한 사정에 관한 고지를 받았더라면 그 거래를 하지 않았을 것임이 경험칙상 명백한 경우에는 신의성실의 원칙상 사전에 상대방에게 그와 같은 사정을 고지할 의무가 있으며, 그와 같은 고지의무의 대상이 되는 것은 직접적인 법령의 규정뿐 아니라 널리 계약상, 관습상 또는 조리상 일반원칙에 의하여도 인정될 수 있다. 아파트 분양자는 아파트 단지 인근에 쓰레기 매립장이 건설예정인 사실을 분양계약자에게 고지할 신의칙상 의무를 부담한다(대판 2004다48515).

3. 숙박업자는 통상의 임대차와 같이 단순히 여관 등의 객실 및 관련 시설을 제공하여 고객으로 하여금 이를 사용·수익하게 할 의무를 부담하는 것에서 한 걸음 더 나아가 고객에게 위험이 없는 안전하고 편안한 객실 및 관련 시설을 제공함으로써 고객의 안전을 배려하여야 할 보호의무를 부담하며 이러한 의무는 숙박계약의 특수성을 고려하여 신의칙상 인정되는 부수적인 의무로 숙박업자가 이를 위반하여 고객의 생명·신체를 침해하여 투숙객에게 손해를 입힌 경우 불완전이행으로 인한 채무불이행책임을 부담하고, 이 경우 피해자로서는 구체적 보호의무의 존재와 그 위반 사실을 주장·입증하여야 하며 숙박업자로서는 통상의 채무불이행에 있어서와 마찬가지로 그 채무불이행에 관하여 자기에게 과실이 없음을 주장·입증하지 못하는 한 그 책임을 면할 수는 없다고 할 것이고, 이와 같은 법리는 장기투숙의 경우에도 마찬가지이다(대판 2000다38718·38725).
4. 병원은 병실에의 출입자를 통제·감독하든가 그것이 불가능하다면 최소한 입원환자에게 휴대품을 안전하게 보관할 수 있는 시정장치가 있는 사물함을 제공하는 등으로 입원환자의 휴대품 등의 도난을 방지함에 필요한 적절한 조치를 강구하여 줄 신의칙상의 보호의무가 있다고 할 것이고, 이를 소홀히 하여 입원환자와는 아무런 관련이 없는 자가 입원환자의 병실에 무단출입하여 입원환자의 휴대품 등을 절취하였다면 병원은 그로 인한 손해배상책임을 면하지 못한다(대판 2002다63275).
5. 사용자는 근로계약에 수반되는 신의칙상의 부수적 의무로서 피용자가 노무를 제공하는 과정에서 생명, 신체, 건강을 해치는 일이 없도록 인적·물적 환경을 정비하는 등 필요한 조치를 강구하여야 할 보호의무를 부담하고, 이러한 보호의무를 위반함으로써 피용자가 손해를 입은 경우 이를 배상할 책임이 있다(대판 99다56734).

3. 신의칙 적용의 한계

신의칙은 민법의 기초이념(의사무능력자, 제한능력자), 강행법규, 법적 안정성에 반하는 경우에는 적용되지 않는다.

판례

1. 미성년자의 법률행위에 법정대리인의 동의를 요하도록 하는 것은 강행규정인데, 위 규정에 반하여 이루어진 신용구매계약을 미성년자 스스로 취소하는 것을 신의칙 위반을 이유로 배척한다면, 이는 오히려 위 규정에 의해 배제하려는 결과를 실현시키는 셈이 되어 미성년자 제도의 입법 취지를 몰각시킬 우려가 있으므로, 법정대리인의 동의 없이 신용구매계약을 체결한 미성년자가 사후에 법정대리인의 동의 없음을 사유로 들어 이를 취소하는 것이 신의칙에 위배된 것이라고 할 수 없다(대판 2005다71659·71666·71673).
2. 강행법규를 위반한 자가 스스로 그 약정의 무효를 주장하는 것이 신의칙에 위배되는 권리의 행사라는 이유로 그 주장을 배척한다면, 이는 오히려 강행법규에 의하여 배제하려는 결과를 실현시키는 셈이 되어 입법 취지를 완전히 몰각하게 되므로 달리 특별한 사정이 없는 한 위와 같은 주장은 신의칙에 반하는 것이라고 할 수 없다(대판 2005다64552).
3. 유효하게 성립한 계약상의 책임을 공평의 이념 또는 신의칙과 같은 일반원칙에 의하여 제한하는 것은 사적 자치의 원칙이나 법적 안정성에 대한 중대한 위협이 될 수 있으므로, 채권자가 유효하게 성립한 계약에 따른 급부의 이행을 청구하는 때에 법원이 급부의 일부를 감축하는 것은 원칙적으로 허용되지 않는다(대판 2016다240543).

4. 신의칙의 파생원칙

(1) 모순행위 금지의 원칙(금반언의 원칙)

모순행위 금지의 원칙이란 자신의 선행하는 행위와 모순되는 후행행위는 허용되지 않는다는 원칙을 말한다. 모순되는 후행행위를 인정하면 그 선행행위에 대한 상대방의 신뢰를 침해하기 때문이다.

판례

1. 사용자로부터 해고된 근로자가 퇴직금 등을 수령하면서 아무런 이의의 유보나 조건을 제기하지 않았다면 해고의 효력을 인정하지 아니하고 이를 다투고 있었다고 볼 수 있는 객관적인 사정이 있다거나 그 외에 상당한 이유가 있는 상황하에서 이를 수령하는 등의 특별한 사정이 없는 한 그 해고의 효력을 인정하였다고 할 것이고, 따라서 그로부터 오랜 기간이 지난 후에 그 해고의 효력을 다투는 소를 제기하는 것은 신의칙이나 금반언의 원칙에 위배되어 허용될 수 없다(대판 99다34475).
2. 근저당권자가 담보로 제공된 건물에 대한 담보가치를 조사할 당시 대항력을 갖춘 임차인이 그 임대차 사실을 부인하고 임차보증금에 대한 권리주장을 않겠다는 내용의 확인서를 작성해 준 경우, 그 후 그 건물에 대한 경매절차에서 이를 번복하여 대항력 있는 임대차의 존재를 주장함과 아울러 근저당권자보다 우선적 지위를 가지는 확정일자부 임차인임을 주장하여 그 임차보증금반환채권에 대한 배당요구를 하는 것은 특별한 사정이 없는 한 금반언 및 신의칙에 위반되어 허용될 수 없다(대판 97다12211).
3. 대리권한 없이 타인의 부동산을 매도한 자가 그 부동산을 상속한 후 소유자의 지위에서 자신의 대리행위가 무권대리로 무효임을 주장하여 등기말소 등을 구하는 것은 금반언원칙이나 신의칙상 허용될 수 없다(대판 94다20617).

(2) 실효의 원칙

실효의 원칙이란 ① 권리자가 권리를 장기간 행사하지 않았기 때문에, ② 상대방이 이제는 그 권리를 행사하지 않을 것으로 믿을 만한 정당한 사유가 있게 된 경우에, 새삼스럽게 그 권리를 행사하는 것이 신의칙에 위반되는 결과가 될 때에는 그 권리행사를 허용하지 않는 것을 말한다. 항소권과 같은 소송법상의 권리에도 적용될 수 있다(판례).

판례

1. 송전선이 토지 위를 통과함을 알고서 취득한 토지의 소유자가 그 송전선 철거 청구 등 권리행사를 하는 것이 신의성실의 원칙에 반하지 않는다. 종전 토지소유자가 자신의 권리를 행사하지 않았다는 사정은 그 토지의 소유권을 적법하게 취득한 새로운 권리자에게 실효의 원칙을 적용함에 있어서 고려하여야 할 것은 아니다(대판 94다27069).
2. 인지청구권은 본인의 일신전속적인 신분관계상의 권리로서 포기할 수도 없으며 포기하였더라도 그 효력이 발생할 수 없는 것이고, 이와 같이 인지청구권의 포기가 허용되지 않는 이상 거기에 실효의 법리가 적용될 여지도 없다(대판 2001므1353).

(3) 사정변경의 원칙

사정변경을 이유로 한 계약 해제는 <u>계약 성립 당시 당사자가 예견할 수 없었던 현저한 사정의 변경</u>이 발생하였고 그러한 사정의 변경이 해제권을 취득하는 당사자에게 책임 없는 사유로 생긴 것으로서, 계약 내용대로의 구속력을 인정한다면 신의칙에 현저히 반하는 결과가 생기는 경우에 계약준수 원칙의 예외로서 인정된다. 그리고 여기서의 변경된 사정이라 함은 <u>계약의 기초가 되었던 객관적인 사정으로서, 일방 당사자의 주관적 또는 개인적인 사정을 의미하는 것은 아니다.</u> 따라서 계약의 성립에 기초가 되지 아니한 사정이 그 후 변경되어 일방 당사자가 계약 당시 의도한 계약 목적을 달성할 수 없게 됨으로써 손해를 입게 되었다 하더라도 특별한 사정이 없는 한 그 계약 내용의 효력을 그대로 유지하는 것이 신의칙에 반한다고 볼 수 없다. 이러한 법리는 계속적 계약관계에서 사정변경을 이유로 계약의 해지를 주장하는 경우에도 마찬가지로 적용된다(대판 2012다13637 전합).

판례

1. 회사의 임원의 지위에 있기 때문에 회사의 요구로 부득이 회사와 제3자 사이의 계속적 거래로 인한 회사의 채무에 대하여 보증인이 된 자가 그 후 회사로부터 '퇴사'하여 임원이나 직원의 지위를 떠난 때에는 보증계약 성립 당시의 사정에 현저한 변경이 생긴 경우에 해당하므로 사정변경을 이유로 보증계약을 해지할 수 있다(대판 89다카1381).
2. 사정변경을 이유로 보증계약을 해지할 수 있는 것은 포괄근보증이나 한정근보증과 같이 채무액이 불확정적이고 계속적인 거래로 인한 채무에 대하여 한 보증에 한하는바, 회사의 이사로 재직하면서 보증 당시 그 채무액과 변제기가 특정되어 있는 회사의 확정채무에 대하여 보증을 한 후 이사직을 사임하였다 하더라도, 사정변경을 이유로 보증계약을 해지할 수 없다(대판 95다27431).
3. 매매계약체결 후 9년이 지났고 시가가 올랐다는 사정만으로 계약을 해제할 만한 사정변경이 있다고 볼 수 없고, 매수인의 소유권이전등기절차이행청구가 신의칙에 위배된다고도 할 수 없다(대판 90다19664).

(4) 권리남용금지의 원칙

① 의의: 권리남용금지의 원칙이란 외형상 적법한 것처럼 보여도, 권리의 행사가 실질적으로 권리가 인정되는 본래의 목적이나 권리의 공공성·사회성에 반하면 이에 대한 법률효과를 부여할 수 없다는 원칙을 말한다.

② 요건

판례

권리행사가 권리의 남용에 해당한다고 할 수 있으려면, 주관적으로 그 권리행사의 목적이 오직 상대방에게 고통을 주고 손해를 입히려는 데 있을 뿐 행사하는 사람에게 아무런 이익이 없는 경우이어야 하고, 객관적으로는 그 권리행사가 사회질서에 위반된다고 볼 수 있어야 하는 것이며, 이와 같은 경우에 해당하지 않는 한 비록 그 권리의 행사에 의하여 권리행사자가 얻는 이익보다 상대방이 잃을 손해가 현저히 크다 하여도 그러한 사정만으로는 이를 권리남용이라 할 수 없고, 다만 이러한 주관적 요건은 권리자의 정당한 이익을 결여한 권리행사로 보여지는 객관적인 사정에 의하여 추인할 수 있다(대판 97다42823).

③ 효과

㉠ 권리의 행사가 권리남용에 해당한다면, 권리의 원래 효과는 발생하지 않는다. 그러나 권리 자체가 소멸하는 것은 아니어서 부당이득청구가 가능한 경우는 있다(토지소유자의 건물철거가 권리남용이 되어 인정되지 않는 경우라도 토지소유자가 건물소유자를 상대로 토지의 사용대가를 부당이득으로 반환청구 할 수는 있다).

㉡ 권리행사가 남용으로 되면 위법성을 띠게 되므로, 상대방에게 손해가 발생하였다면 불법행위책임을 질 수 있다.

판례

1. 국가에 국민을 보호할 의무가 있다는 사유만으로 국가가 소멸시효의 완성을 주장하는 것 자체가 신의성실의 원칙에 반하여 권리남용에 해당한다고 할 수는 없으므로, 국가의 소멸시효 완성 주장이 신의칙에 반하고 권리남용에 해당한다고 하려면 일반 채무자의 소멸시효 완성 주장에서와 같은 특별한 사정이 인정되어야 할 것이다(대판 2004다71881).
2. 채무자의 소멸시효에 기한 항변권의 행사도 우리 민법의 대원칙인 신의성실의 원칙과 권리남용금지의 원칙의 지배를 받는 것이어서, 채무자가 시효완성 전에 채권자의 권리행사나 시효중단을 불가능 또는 현저히 곤란하게 하였거나, 그러한 조치가 불필요하다고 믿게 하는 행동을 하였거나, 객관적으로 채권자가 권리를 행사할 수 없는 장애사유가 있었거나, 또는 일단 시효완성 후에 채무자가 시효를 원용하지 아니할 것 같은 태도를 보여 권리자로 하여금 그와 같이 신뢰하게 하였거나, 채권자보호의 필요성이 크고, 같은 조건의 다른 채권자가 채무의 변제를 수령하는 등의 사정이 있어 채무이행의 거절을 인정함이 현저히 부당하거나 불공평하게 되는 등의 특별한 사정이 있는 경우에는 채무자가 소멸시효의 완성을 주장하는 것이 신의성실의 원칙에 반하여 권리남용으로서 허용될 수 없다(대판 2004다71881).
3. 동시이행의 항변권의 행사가 주로 자기 채무의 이행만을 회피하기 위한 수단이라고 보여지는 경우에는 그 항변권의 행사는 권리남용으로서 배척되어야 할 것이다(대판 2001다9304).

해커스행정사
adm.Hackers.com

제3장

권리의 주체

제3장 권리의 주체

제1절 ▌ 총설

1. 권리주체의 의의

권리능력이란 권리의 주체가 될 수 있는 자격을 말한다. 민법상 자연인과 법인만이 권리능력을 갖는다. 즉, 권리의 주체가 될 수 있다.

2. 민법상 능력

민법상 능력에 관한 규정은 모두 강행규정이므로 당사자가 특약으로 달리 정할 수 없다.

권리능력	권리의 주체가 될 수 있는 자격
의사능력	• 자신의 행위의 의미나 결과를 정상적인 인식력과 예기력을 바탕으로 합리적으로 판단할 수 있는 정신적 능력 내지는 지능을 말한다. • 의사무능력자의 법률행위는 무효로 본다(통설·판례).
행위능력	• 행위능력은 단독으로 유효한 법률행위를 할 수 있는 능력을 말한다. 이러한 행위능력은 의사능력을 기초로 하여 이를 객관화·정형화시킨 제도이다. • 행위능력이 없는 자(제한능력자)의 행위는 취소할 수 있다.
책임능력 (불법행위능력)	• 법률행위에서 의사능력을 불법행위에서는 책임능력이라 한다. • 책임무능력자는 불법행위책임을 지지 않고 그 감독자가 책임을 진다.

제2절 ▌ 자연인

Ⅰ. 권리능력

> 제3조【권리능력의 존속기간】 사람은 생존한 동안 권리와 의무의 주체가 된다.

1. 권리능력의 발생

① 모든 자연인은 출생한 때로부터 권리능력을 취득한다.
② 출생신고는 보고적 신고로서 그 신고에 의하여 비로소 권리능력을 갖게 되는 것은 아니다. 출생과 관련된 가족관계등록부의 기재는 사실에 부합하는 것으로 추정을 받으나, 그에 반하는 증거에 의하여 번복할 수 있다.

2. 태아의 권리능력

(1) 태아의 권리능력을 인정하는 민법의 규정(개별적 보호주의)

태아의 권리능력 인정 (개별적 보호주의)	① 불법행위에 기한 손해배상청구권(제762조) ② 상속(제1000조 제3항) ③ 유증(제1064조, 제1000조 제3항) ④ 인지(제858조), 그러나 태아가 부에게 인지청구는 불가
태아의 권리능력 부정	사인증여(판례)

(2) 태아의 권리능력 취득시기

정지조건설(판례)과 해제조건설의 견해대립은 태아가 출생한 경우에만 의미가 있고, 사산된 경우에는 태아의 권리능력이 인정되지 않는다는 결론에는 차이가 없다.

> **판례**
> 1. 설사 태아가 권리를 취득한다 하더라도 현행법상 이를 대행할 기관이 없으니 태아로 있는 동안은 권리능력을 취득할 수 없으니 살아서 출생한 때에 출생시기가 문제의 사건의 시기까지 소급하여 그때에 태아가 출생한 것과 같이 법률상 보아준다고 해석하여야 상당하므로 이와 같은 취지에서 원고의 처가 사고로 사망할 당시 임신 8개월 된 태아가 있었음과 그가 모체와 같이 사망하여 출생의 기회를 못 가진 사실을 인정하고 살아서 태어나지 않은 이상 배상청구권을 논할 여지없다는 취의로 판단하여 이 청구를 배척한 조치는 정당하다(대판 76다1365).
> 2. 태아도 손해배상청구권에 관하여는 이미 출생한 것으로 보는바, 부가 교통사고로 상해를 입을 당시 태아가 출생하지 아니하였다고 하더라도 그 뒤에 출생한 이상 부의 부상으로 인하여 입게 될 정신적 고통에 대한 위자료를 청구할 수 있다(대판 93다4663).

3. 권리능력의 소멸

(1) 사망

사람은 사망과 동시에 권리능력을 상실한다.

(2) 사망의 입증곤란을 구제하기 위한 제도

① 동시사망의 추정

> **제30조 【동시사망】** 2인 이상이 동일한 위난으로 사망한 경우에는 동시에 사망한 것으로 추정한다.

㉠ 2인 이상의 사람이 동일한 위난에 의하여 사망한 경우에는 동시에 사망한 것으로 추정하여 동시사망자 사이에는 상속 등이 생기지 않는다. 다만 대습상속은 가능하다(판례).
㉡ 민법 제30조는 추정규정이기 때문에 반증을 들어 그 추정을 뒤집을 수는 있다.
㉢ 2인 이상의 사람이 서로 다른 위난으로 사망한 경우에도 제30조를 유추적용한다(다수설).

② 인정사망(사망 추정): 시체의 발견 등 사망의 확증은 없으나 수난, 화재 기타 재난으로 인하여 사망이 확실시되는 경우에, 관공서의 보고에 의하여 가족관계등록부에 사망의 기재를 하여, 사망으로 추정하는 제도이다. 인정사망에 의한 가족관계등록부의 기재는 보통의 가족관계등록부 기재에서와 마찬가지로 가족관계등록부기재의 사망일에 사망한 것으로 '추정'된다. 따라서 반대사실의 증명에 의하여 이를 번복할 수 있다.

③ 실종선고(사망 간주): 부재자의 생사가 일정기간 불분명한 때에는 가정법원의 선고에 의하여 사망한 것으로 본다(제27조).

4. 외국인의 권리능력

① 우리 민법은 외국인의 권리능력에 관하여 규정하고 있지 않다. 그러나 헌법 제6조 제2항이 외국인은 국제법과 조약이 정하는 바에 의하여 그 지위가 보장된다고 규정함에 따라, 원칙적으로 외국인도 내국인과 동등한 권리능력을 가진다고 본다. 이러한 원칙에도 불구하고 각종의 특별법에 의하여 외국인의 권리능력이 제한되는 경우가 많다.

② 대한민국 국민이 아닌 사람은 도선사가 될 수 없다(도선법 제6조).

Ⅱ. 행위능력

1. 총설

(1) 의사능력

① 의의: 의사능력이란 자신의 행위의 의미나 결과를 정상적인 인식력과 예기력을 바탕으로 합리적으로 판단할 수 있는 정신적 능력 내지는 지능을 말한다. 의사능력에 대한 명문의 규정은 없지만 사적자치의 원칙상 당연히 인정된다. 의사능력이 인정되기 위하여는 그 행위의 일상적인 의미뿐만 아니라 법률적인 의미나 효과에 대하여도 이해할 수 있을 것을 요한다고 보아야 하고, 의사능력의 유무는 구체적인 법률행위와 관련하여 개별적으로 판단되어야 한다(대판 2006다29358).

② 효과: 의사무능력자가 한 의사표시는 무효이다. 이를 이유로 무효를 주장하는 것은 신의칙에 반하지 않는다. 그리고 의사무능력을 이유로 법률행위의 무효를 주장하는 측은 그에 대하여 증명책임을 부담한다(대판 2022다261237).

(2) 행위능력

① 의의
  ㉠ 행위능력이란 단독으로 완전히 유효한 법률행위를 할 수 있는 지위 또는 능력을 말한다. 그리고 행위능력이 없는 자를 제한능력자라 한다.
  ㉡ 의사능력이 없는 자가 한 법률행위는 무효이다. 그런데 행위 당시에 표의자의 의사능력의 유무를 확실하게 안다는 것이 곤란하므로 민법은 이에 대한 대책으로 객관적·획일적 기준에 의하여, 제한능력자를 정하고, 그들이 독자적으로 법률행위를 한 경우 그에게 의사능력이 있었는지 여부를 묻지 않고, 그 행위를 취소할 수 있도록 하고 있다.

② 무효와 취소의 이중효: 제한능력자에게 의사능력이 없다면, 제한능력을 이유로 취소할 수도 있고 의사무능력을 입증하여 법률행위의 무효를 주장할 수도 있다.

(3) 제한능력자 제도

① 민법상 제한능력자는 미성년자(제4조), 피성년후견인(제9조), 피한정후견인(제12조)이다.

② 제한능력자에 관한 민법의 규정은 강행규정이다. 따라서 제한능력을 이유로 한 취소를 하지 않기로 약정하였더라도 제한능력자 본인이나 법정대리인은 여전히 취소할 수 있다.

③ 제한능력을 이유로 취소하는 것이 신의성실의 원칙에 반하는 것은 아니다.

2. 미성년자

(1) 미성년자의 의의

> 제4조 【성년】 사람은 19세로 성년에 이르게 된다.

만 19세인 성년에 달하지 않은 자를 미성년자라고 한다. 다만, 미성년자가 혼인을 한 때에는 성년자로 본다(제826조의2). 만 19세 미만 중에 혼인이 해소되더라도 성년의제의 효과는 존속한다(통설).

(2) 미성년자의 법률행위

> 제5조 【미성년자의 능력】 ① 미성년자가 법률행위를 함에는 법정대리인의 동의를 얻어야 한다. 그러나 권리만을 얻거나 의무만을 면하는 행위는 그러하지 아니하다.
> ② 전항의 규정에 위반한 행위는 취소할 수 있다.

① 법정대리인의 동의: 미성년자가 법률행위를 하려면 원칙적으로 법정대리인의 동의를 얻어야 한다(제5조 제1항). 동의에 대한 증명책임은 상대방에게 있다(판례). 이에 위반한 행위는 미성년자 본인이나 법정대리인이 취소할 수 있다(제5조 제2항, 제140조).

② 단독으로 할 수 있는 법률행위
  ㉠ 단순히 권리만을 얻거나 의무만을 면하는 행위(제5조 제1항 단서): 부담 없는 증여의 승낙, 권리만을 얻게 하는 제3자를 위한 계약상의 수익의 의사표시, 친권자에 대한 부양청구의 행사(판례), 채무면제의 청약에 대한 승낙, 자기가 한 증여계약의 해제 등과 같이 미성년자에게 이익만을 주는 행위는 미성년자가 단독으로 할 수 있다. 그러나 부담부증여를 받는 행위, 경제적으로 유리한 매매계약을 체결하는 행위, 상속승인은 이익을 얻을 뿐만 아니라 의무도 부담하므로 단독으로 하지 못한다. 미성년자가 채무의 변제를 수령하는 것은 이익을 얻지만 한편으로는 채권을 상실하게 되기 때문에 단독으로 하지 못한다(통설).

ⓛ 범위를 정하여 처분이 허락된 재산의 처분행위(제6조)

> **제6조【처분을 허락한 재산】** 법정대리인이 범위를 정하여 처분을 허락한 재산은 미성년자가 임의로 처분할 수 있다.

법정대리인의 허락이 있다고 하여 미성년자가 성년자가 되는 것은 아니므로 법정대리인이 스스로 대리행위를 할 수도 있다.

판례

> [1] 미성년자가 법률행위를 함에 있어서 요구되는 법정대리인의 동의는 언제나 명시적이어야 하는 것은 아니고 묵시적으로도 가능한 것이며, 미성년자의 행위가 위와 같이 법정대리인의 묵시적 동의가 인정되거나 처분허락이 있는 재산의 처분 등에 해당하는 경우라면, 미성년자로서는 더 이상 행위무능력을 이유로 그 법률행위를 취소할 수 없다.
> [2] 만 19세가 넘은 미성년자가 월 소득범위 내에서 신용구매계약을 체결한 사안에서, 스스로 얻고 있던 소득에 대하여는 법정대리인의 묵시적 처분허락이 있었다고 보아 위 신용구매계약은 처분허락을 받은 재산범위 내의 처분행위에 해당한다(대판 2005다71659·71666·71673).

ⓒ 영업이 허락된 경우 그 영업에 관한 행위(제8조)

> **제8조【영업의 허락】** ① 미성년자가 법정대리인으로부터 허락을 얻은 특정한 영업에 관하여는 성년자와 동일한 행위능력이 있다.
> ② 법정대리인은 전항의 허락을 취소 또는 제한할 수 있다. 그러나 선의의 제삼자에게 대항하지 못한다.

그 영업에 관하여는 '성년자와 동일한 행위능력이 있다'는 것은, 그 범위에서는 법정대리인의 동의를 필요로 하지 않을 뿐만 아니라 법정대리인의 대리권도 이 범위에서 소멸한다.

ⓔ 대리행위(제117조): 대리인은 행위능력자임을 요하지 않으므로 미성년자는 유효한 대리행위를 할 수 있다. 대리행위의 효과는 대리인이 아닌 본인에게 귀속하므로 미성년자에게 손해가 있는 것이 아니기 때문이다.

ⓜ 유언: 만 17세에 달한 자는 유언능력이 있다(제1061조).

ⓗ 제한능력을 이유로 한 취소권의 행사: 미성년자는 법정대리인의 동의를 받지 않고 한 법률행위를 취소할 수 있는데, 이러한 취소를 함에 있어서는 법정대리인의 동의 없이 단독으로 할 수 있다.

③ 동의와 허락의 취소 또는 제한

> **제7조【동의와 허락의 취소】** 법정대리인은 미성년자가 아직 법률행위를 하기 전에는 전 2조의 동의와 허락을 취소할 수 있다.

㉠ **동의와 재산처분허락의 취소**: 법정대리인은 미성년자가 아직 법률행위를 하기 전에는 동의(제5조)나 재산처분에 대한 허락(제6조)을 취소할 수 있다(제7조). 제7조의 취소는 미성년자가 법률행위를 하기 전에만 허용되는 것이므로 그 성질은 소급효가 없는 철회이다.

㉡ **영업허락의 취소·제한**: 법정대리인은 자기가 한 영업의 허락을 취소 또는 제한할 수 있다(제8조 제2항 본문). 이때 제8조 제2항의 영업의 취소도 철회를 의미하고, 영업의 제한이란 2개 이상의 단위의 영업을 특정해서 허락한 경우에 그중에 어느 것을 금지하는 것으로 일부철회를 의미한다. 이러한 영업허락의 취소 또는 제한은 선의의 제3자에게 대항하지 못한다(제8조 제2항 단서).

(3) 미성년자의 법정대리인

① **법정대리인이 되는 자**: 미성년자의 법정대리인은 1차적으로 친권자(부모)이고(제911조), 친권자가 없거나 친권자가 법률행위의 대리권 및 재산관리권을 행사할 수 없을 때에는 2차적으로 미성년후견인이 법정대리인이 된다(제928조).

② **법정대리인의 권한**

동의권	미성년자는 원칙적으로 법정대리인의 동의·허락을 얻어서 유효한 법률행위를 할 수 있다.
대리권	법정대리인은 미성년자를 대리하여 재산상의 법률행위를 할 수 있다(제920조, 제949조). 동의를 해준 행위를 대리할 수도 있다.
취소권·추인권	법정대리인은 미성년자가 동의를 얻지 않고서 한 법률행위를 취소할 수 있고 추인할 수도 있다(제5조 제2항, 제140조 이하).

3. 피성년후견인

> **제9조 【성년후견개시의 심판】** ① 가정법원은 질병, 장애, 노령, 그 밖의 사유로 인한 정신적 제약으로 사무를 처리할 능력이 지속적으로 결여된 사람에 대하여 본인, 배우자, 4촌 이내의 친족, 미성년후견인, 미성년후견감독인, 한정후견인, 한정후견감독인, 특정후견인, 특정후견감독인, 검사 또는 지방자치단체의 장의 청구에 의하여 성년후견개시의 심판을 한다.
> ② 가정법원은 성년후견개시의 심판을 할 때 본인의 의사를 고려하여야 한다.

(1) 의의

가정법원은 정신적 제약으로 사무를 처리할 능력이 지속적으로 결여된 사람에 대하여 본인, 배우자 등 일정한 자의 청구에 의하여 성년후견개시의 심판을 한다.

(2) 성년후견개시의 요건

① **실질적 요건**: 질병, 장애, 노령, 그 밖의 사유로 인한 정신적 제약(신체적 제약 ×)으로 사무를 처리할 능력이 <u>지속적으로 결여되어야 한다.</u>

② **형식적 요건**: 일정한 자의 청구가 있어야 한다. 가정법원이 직권으로 하지 못한다.

(3) 피성년후견인의 법률행위

> **제10조 【피성년후견인의 행위와 취소】** ① 피성년후견인의 법률행위는 취소할 수 있다.
> ② 제1항에도 불구하고 가정법원은 취소할 수 없는 피성년후견인의 법률행위의 범위를 정할 수 있다.
> ③ 가정법원은 본인, 배우자, 4촌 이내의 친족, 성년후견인, 성년후견감독인, 검사 또는 지방자치단체의 장의 청구에 의하여 제2항의 범위를 변경할 수 있다.
> ④ 제1항에도 불구하고 일용품의 구입 등 일상생활에 필요하고 그 대가가 과도하지 아니한 법률행위는 성년후견인이 취소할 수 없다.

① **법률행위의 취소**: 피성년후견인은 정신적 제약으로 사무를 처리할 능력이 지속적으로 결여된 사람이므로 그가 한 법률행위는 취소할 수 있다. 그 취소는 피성년후견인 또는 성년후견인이 할 수 있다(제140조).

② **취소할 수 없는 법률행위**: 가정법원은 취소할 수 없는 법률행위의 범위를 정할 수 있고 일정한 자의 청구에 의하여 그 범위를 변경할 수 있다. 또한 일용품의 구입 등 일상생활에 필요하고 그 대가가 과도하지 아니한 법률행위는 성년후견인이 취소할 수 없다.

(4) 성년후견인(법정대리인)

① 가정법원의 성년후견개시심판이 있는 경우에 성년후견인은 가정법원이 직권으로 선임한다. 법인도 성년후견인이 될 수 있다(제930조).

② 성년후견인은 피성년후견인의 법률행위에 대한 동의권은 없고 대리권과 취소권만 있다.

(5) 성년후견의 종료

① 성년후견개시의 원인이 소멸된 경우에는 가정법원은 본인, 배우자, 4촌 이내의 친족, 성년후견인, 성년후견감독인, 검사 또는 지방자치단체의 장의 청구에 의하여 성년후견종료의 심판을 한다(제11조).

② 가정법원이 피성년후견인 또는 피특정후견인에 대하여 한정후견개시의 심판을 할 때에는 종전의 성년후견 또는 특정후견의 종료 심판을 한다(제14조의3 제2항).

4. 피한정후견인

> **제12조 【한정후견개시의 심판】** ① 가정법원은 질병, 장애, 노령, 그 밖의 사유로 인한 정신적 제약으로 사무를 처리할 능력이 부족한 사람에 대하여 본인, 배우자, 4촌 이내의 친족, 미성년후견인, 미성년후견감독인, 성년후견인, 성년후견감독인, 특정후견인, 특정후견감독인, 검사 또는 지방자치단체의 장의 청구에 의하여 한정후견개시의 심판을 한다.

(1) 의의

① 가정법원은 정신적 제약으로 사무를 처리할 능력이 부족한 사람에 대하여 본인, 배우자 등의 청구에 의하여 한정후견개시의 심판을 한다.

② 미성년자나 피성년후견인도 그 원인이 생긴 경우에는 한정후견이 개시될 수 있다.

(2) 피한정후견인의 법률행위

> **제13조 【피한정후견인의 행위와 동의】** ① 가정법원은 피한정후견인이 한정후견인의 동의를 받아야 하는 행위의 범위를 정할 수 있다.
> ② 가정법원은 본인, 배우자, 4촌 이내의 친족, 한정후견인, 한정후견감독인, 검사 또는 지방자치단체의 장의 청구에 의하여 제1항에 따른 한정후견인의 동의를 받아야만 할 수 있는 행위의 범위를 변경할 수 있다.
> ③ 한정후견인의 동의를 필요로 하는 행위에 대하여 한정후견인이 피한정후견인의 이익이 침해될 염려가 있음에도 그 동의를 하지 아니하는 때에는 가정법원은 피한정후견인의 청구에 의하여 한정후견인의 동의를 갈음하는 허가를 할 수 있다.
> ④ 한정후견인의 동의가 필요한 법률행위를 피한정후견인이 한정후견인의 동의 없이 하였을 때에는 그 법률행위를 취소할 수 있다. 다만, 일용품의 구입 등 일상생활에 필요하고 그 대가가 과도하지 아니한 법률행위에 대하여는 그러하지 아니하다.

① **한정후견인의 동의**: 가정법원이 범위를 정한 행위(예 부동산 거래, 금융거래)는 한정후견인의 동의를 받아서 할 수 있다. 한정후견인의 동의가 필요한 법률행위를 피한정후견인이 한정후견인의 동의 없이 하였을 때에는 그 법률행위를 피한정후견인 또는 한정후견인이 취소할 수 있다.

② **단독으로 할 수 있는 법률행위**: 가정법원이 범위를 정한 행위 외에는 피한정후견인이 단독으로 할 수 있다. 또한 일용품의 구입 등 일상생활에 필요하고 그 대가가 과도하지 아니한 법률행위에 대하여 단독으로 할 수 있다.

(3) 한정후견인

① 가정법원의 한정후견개시의 심판이 있는 경우에는 그 심판을 받은 사람의 한정후견인은 가정법원이 직권으로 선임한다(제959조의3).
② 한정후견인은 동의권과 피한정후견인이 동의 없이 한 행위에 대한 취소권이 있다.
③ 한정후견인은 성년후견인과 달리 당연히 법정대리인이 되는 것이 아니다. 가정법원은 한정후견인에게 대리권을 수여하는 심판을 할 수 있고(제959조의4 제1항) 그 범위에서만 피한정후견인의 법정대리인이 된다.

(4) 한정후견의 종료

① 한정후견개시의 원인이 소멸된 경우에는 가정법원은 본인, 배우자, 4촌 이내의 친족, 한정후견인, 한정후견감독인, 검사 또는 지방자치단체의 장의 청구에 의하여 한정후견종료의 심판을 한다(제14조).
② 가정법원이 피한정후견인 또는 피특정후견인에 대하여 성년후견개시의 심판을 할 때에는 종전의 한정후견 또는 특정후견의 종료 심판을 한다(제14조의3 제1항).

5. 피특정후견인

> **제14조의2 【특정후견의 심판】** ① 가정법원은 질병, 장애, 노령, 그 밖의 사유로 인한 정신적 제약으로 일시적 후원 또는 특정한 사무에 관한 후원이 필요한 사람에 대하여 본인, 배우자, 4촌 이내의 친족, 미성년후견인, 미성년후견감독인, 검사 또는 지방자치단체의 장의 청구에 의하여 특정후견의 심판을 한다.
> ② 특정후견은 본인의 의사에 반하여 할 수 없다.
> ③ 특정후견의 심판을 하는 경우에는 특정후견의 기간 또는 사무의 범위를 정하여야 한다.

(1) 의의

가정법원은 정신적 제약으로 일시적 후원 또는 특정한 사무에 관한 후원이 필요한 사람에 대하여 본인, 배우자 등의 청구에 의하여 특정후견의 심판을 한다.

(2) 특정후견심판

① 특정후견의 요건인 정신적 제약은 성년후견이나 한정후견과 본질적으로 같다. 따라서 성년후견이나 한정후견의 경우에도 특정후견제도를 이용할 수 있다.
② 특정후견심판은 일정한 자의 청구가 있어야 하고 본인의 의사에 반하여 할 수 없다.
③ 특정후견은 일시적 특정사무에 관한 것이므로 개시와 종료를 별도로 심판하지 않고 특정후견의 기간이나 사무의 범위를 정하면 족하다(제14조의2 제3항). 따라서 기간이 지나면 특정후견도 자연히 종결한다.

(3) 피특정후견인의 능력

피특정후견인의 행위능력은 특별한 제한이 없다. 따라서 피특정후견인은 제한능력자가 아니다.

(4) 특정후견인

피특정후견인의 능력은 제한되지 않는다는 점에서 특정후견인은 동의권과 취소권이 없다. 또한 특정후견인이 대리권을 갖는 경우에도 피특정후견인은 스스로 법률행위를 할 수 있다.

Plus 보충 행위능력 관련자

구분	미성년자	피성년후견인	피한정후견인	피특정후견인
행위능력	제한	제한	제한	제한 없음
기준	19세 미만	정신적 제약으로 사무를 처리할 능력이 지속적으로 결여	정신적 제약으로 사무를 처리할 능력이 부족	정신적 제약으로 일시적 후원 또는 특정한 사무에 관한 후원이 필요
법정대리인	• 동의권 • 취소권 • 대리권	• 동의권 × • 취소권(동의불문) • 대리권	• 동의권(범위를 정한 행위) • 취소권 • 대리권(대리권 수여 심판한 경우만)	• 동의권 × • 취소권 × • 대리권(대리권 수여 심판한 경우만, 이 경우에도 피특정후견인 스스로 법률행위 가능)

6. 제한능력자의 상대방 보호

(1) 상대방의 촉구권

> **제15조【제한능력자의 상대방의 확답을 촉구할 권리】** ① 제한능력자의 상대방은 제한능력자가 능력자가 된 후에 그에게 1개월 이상의 기간을 정하여 그 취소할 수 있는 행위를 추인할 것인지 여부의 확답을 촉구할 수 있다. 능력자로 된 사람이 그 기간 내에 확답을 발송하지 아니하면 그 행위를 추인한 것으로 본다.
> ② 제한능력자가 아직 능력자가 되지 못한 경우에는 그의 법정대리인에게 제1항의 촉구를 할 수 있고, 법정대리인이 그 정하여진 기간 내에 확답을 발송하지 아니한 경우에는 그 행위를 추인한 것으로 본다.
> ③ 특별한 절차가 필요한 행위는 그 정하여진 기간 내에 그 절차를 밟은 확답을 발송하지 아니하면 취소한 것으로 본다.

① 의의: 제한능력자의 상대방이 가지는 촉구권은 제한능력자 측에 대하여 취소할 수 있는 행위를 추인할 것인지 여부의 확답을 촉구하고, 확답이 없을 때에는 경우에 따라서 취소 또는 추인의 효과를 발생케 하는 권리를 말한다. 촉구의 법적 성질은 준법률행위 중 의사의 통지이며 형성권의 일종이다.

② 촉구의 요건: 제한능력자의 상대방이 촉구권을 행사하려면, 취소할 수 있는 행위를 적시하고, 1개월 이상의 기간을 정하여, 추인할 것인지에 대한 확답을 요구하여야 한다(제15조 제1항).

③ 촉구의 상대방: <u>촉구의 상대방은 촉구를 수령할 능력이 있고 추인을 할 수 있는 자에 한하므로</u>, 제한능력자는 그가 능력자로 된 후에만 촉구의 상대방이 될 수 있고(제15조 제1항), 아직 능력자가 되지 못한 때에는 그의 법정대리인이 촉구의 상대방이 된다(제15조 제2항). 따라서 제한능력자에 대한 촉구는 무효이다.

④ 촉구의 효과

   ㉠ 확답이 있는 경우: 그 의사표시의 효과로서 추인 또는 취소의 효과가 생긴다.

   ㉡ 확답을 발하지 않은 경우(촉구 자체의 효과): 확답을 발하지 않으면 그 행위는 추인한 것으로 본다(제15조 제1항·제2항). 다만, 예외적으로 특별한 절차를 요하는 행위(후견인이 제950조 제1항에 의하여 후견감독인의 동의를 받아야 하는 행위)에 관하여는 그 기간 내에 그 절차를 밟은 확답을 발하지 아니하면 취소한 것으로 본다(제15조 제3항).

(2) 상대방의 철회권과 거절권

> **제16조【제한능력자의 상대방의 철회권과 거절권】** ① 제한능력자가 맺은 계약은 추인이 있을 때까지 상대방이 그 의사표시를 철회할 수 있다. 다만, 상대방이 계약 당시에 제한능력자임을 알았을 경우에는 그러하지 아니하다.
> ② 제한능력자의 단독행위는 추인이 있을 때까지 상대방이 거절할 수 있다.
> ③ 제1항의 철회나 제2항의 거절의 의사표시는 제한능력자에게도 할 수 있다.

① 철회권(계약의 경우): 제한능력자와 체결한 계약은 제한능력자 측에서 추인을 하기 전에는 상대방이 그 의사표시를 철회할 수 있다. 철회의 의사표시는 법정대리인뿐만 아니라 제한능력자에 대해서도 할 수 있다. 상대방이 계약 당시에 제한능력자임을 알았을 때에는 철회할 수 없으며, 상대방이 선의인 경우에 한하여 철회할 수 있다. 상대방이 자기의 의사표시를 철회하면, 계약은 처음부터 없었던 것으로 되어 이제는 제한능력자 측에서도 추인할 수 없게 된다.

② 거절권(단독행위의 경우): 제한능력자의 상대방 있는 단독행위(상계, 채무면제)에 대하여, 상대방은 제한능력자 측의 추인이 있기 전까지 제한능력자의 의사표시를 거절할 수 있다. 거절의 의사표시는 법정대리인뿐만 아니라 제한능력자에게도 할 수 있다. 철회와는 달리, 의사표시의 수령 당시 제한능력자임을 안 경우에도 거절할 수 있다(통설). 상대방이 거절하면 제한능력자의 단독행위는 효력이 없다.

(3) 제한능력자의 속임수

> **제17조【제한능력자의 속임수】** ① 제한능력자가 속임수로써 자기를 능력자로 믿게 한 경우에는 그 행위를 취소할 수 없다.
> ② 미성년자나 피한정후견인이 속임수로써 법정대리인의 동의가 있는 것으로 믿게 한 경우에도 제1항과 같다.

① 요건: 제한능력자의 속임수가 있었어야 한다. 속임수의 의미에 대하여 판례는 주민등록증 변조 등 적극적인 기망수단을 쓴 것을 말하고 '성년자로 군대에 갔다 왔다'고 말하거나, '자기가 사장이라고 말한 것'만 가지고는 속임수를 쓴 것이라고 보지 않는다. 이러한 제한능력자의 속임수에 대한 입증책임은 이를 주장하는 상대방에게 있다.

② 효과: 제한능력자 본인은 물론이고, 법정대리인도 무능력을 이유로 취소할 수 없다. 따라서 제한능력자 측의 취소권은 배제되어 완전히 유효한 법률행위가 된다.

Plus 보충 제한능력자의 상대방의 권리

권리	요건	상대방
확답촉구권	선악 불문	추인할 수 있는 자 • 제한능력자(제한능력자가 능력자가 된 경우) • 법정대리인(제한능력자가 능력자가 아직 아닌 경우)
철회권(계약)	선의만 가능	제한능력자 또는 법정대리인
거절권(단독행위)	선악 불문	제한능력자 또는 법정대리인

Ⅲ. 주소

1. 주소의 의의

① 생활의 근거되는 곳을 주소로 한다(제18조 제1항).
② 주소는 동시에 두 곳 이상 있을 수 있다(제18조 제2항).
③ 주민등록지는 주민등록법에 의하여 등록한 장소로서 반드시 주소와 일치하는 것은 아니나 반증이 없는 한 주소로 추정된다.

2. 주소의 민법상 효과

① 종래의 주소나 거소를 떠난 자가 부재자가 되고 부재자의 생사가 일정기간 분명하지 아니한 때 실종선고에 의하여 실종자가 된다(제22조, 제27조).
② 특정물인도 이외의 채무변제는 채권자의 현주소에서 하여야 한다(제467조).
③ 상속은 피상속인의 주소지에서 개시한다(제998조).
④ 법인의 주소는 그 주된 사무소의 소재지에 있는 것으로 한다(제36조).

3. 거소, 현재지, 가주소

> 제19조【거소】주소를 알 수 없으면 거소를 주소로 본다.
> 제20조【거소】국내에 주소없는 자에 대하여는 국내에 있는 거소를 주소로 본다.
> 제21조【가주소】어느 행위에 있어서 가주소를 정한 때에는 그 행위에 관하여는 이를 주소로 본다.

Ⅳ. 부재와 실종

1. 서설

부재자(不在者)는 종래의 주소를 떠나 복귀하는 것이 불분명한 사람을 말하고, 실종자란 부재자를 전제로 하여 그 생사가 불분명한 자를 말한다.

2. 부재자의 재산관리

> 제22조【부재자의 재산의 관리】① 종래의 주소나 거소를 떠난 자가 재산관리인을 정하지 아니한 때에는 법원은 이해관계인이나 검사의 청구에 의하여 재산관리에 관하여 필요한 처분을 명하여야 한다. 본인의 부재 중 재산관리인의 권한이 소멸한 때에도 같다.
> ② 본인이 그 후에 재산관리인을 정한 때에는 법원은 본인, 재산관리인, 이해관계인 또는 검사의 청구에 의하여 전항의 명령을 취소하여야 한다.

> 제23조【관리인의 개임】 부재자가 재산관리인을 정한 경우에 부재자의 생사가 분명하지 아니한 때에는 법원은 재산관리인, 이해관계인 또는 검사의 청구에 의하여 재산관리인을 개임할 수 있다.
> 제24조【관리인의 직무】 ① 법원이 선임한 재산관리인은 관리할 재산목록을 작성하여야 한다.
> ② 법원은 그 선임한 재산관리인에 대하여 부재자의 재산을 보존하기 위하여 필요한 처분을 명할 수 있다.
> ③ 부재자의 생사가 분명하지 아니한 경우에 이해관계인이나 검사의 청구가 있는 때에는 법원은 부재자가 정한 재산관리인에게 전 2항의 처분을 명할 수 있다.
> ④ 전 3항의 경우에 그 비용은 부재자의 재산으로써 지급한다.
> 제25조【관리인의 권한】 법원이 선임한 재산관리인이 제118조에 규정한 권한을 넘는 행위를 함에는 법원의 허가를 얻어야 한다. 부재자의 생사가 분명하지 아니한 경우에 부재자가 정한 재산관리인이 권한을 넘는 행위를 할 때에도 같다.
> 제118조【대리권의 범위】 권한을 정하지 아니한 대리인은 다음 각 호의 행위만을 할 수 있다.
> 1. 보존행위
> 2. 대리의 목적인 물건이나 권리의 성질을 변하지 아니하는 범위에서 그 이용 또는 개량하는 행위
> 제26조【관리인의 담보제공, 보수】 ① 법원은 그 선임한 재산관리인으로 하여금 재산의 관리 및 반환에 관하여 상당한 담보를 제공하게 할 수 있다.
> ② 법원은 그 선임한 재산관리인에 대하여 부재자의 재산으로 상당한 보수를 지급할 수 있다.
> ③ 전 2항의 규정은 부재자의 생사가 분명하지 아니한 경우에 부재자가 정한 재산관리인에 준용한다.

(1) 의의

부재자제도는 근본적으로 부재자의 잔류재산을 관리하기 위한 것이다. 따라서 부재자가 무능력자이어서 그 재산을 관리할 법정대리인이 법률상 당연히 존재하거나, 부재자가 스스로 관리인을 두었을 때에는 원칙적으로 관여하지 않고 예외적으로만 법원이 관여한다. 반대로 재산관리인을 두지 않은 경우에는 법원이 전면적으로 관여하고 있다.

(2) 부재자가 재산관리인을 두지 않은 경우

① 재산관리에 필요한 처분의 명령: 법원은 이해관계인이나 검사의 청구에 의하여 재산관리에 관하여 필요한 처분을 명하여야 한다.

② 법원이 선임한 재산관리인

㉠ 지위: 법원에 의해 선임된 재산관리인은 부재자 본인의 의사에 의하여 선임되는 것이 아니므로 일종의 법정대리인이다. 그러나 언제든지 사임할 수 있고 가정법원도 언제든지 개임할 수 있다.

㉡ 직무

ⓐ 법원이 선임한 재산관리인은 관리할 재산목록을 작성하여야 한다.

ⓑ 법원은 그 선임한 재산관리인에 대하여 부재자의 재산을 보존하기 위하여 필요한 처분을 명할 수 있다.

ⓒ 법원은 그 선임한 재산관리인으로 하여금 재산의 관리 및 반환에 관하여 상당한 담보를 제공하게 할 수 있다.

- ⓒ 권한
  - ⓐ 관리행위: 법원이 선임한 재산관리인은 제118조의 관리행위(보존행위 및 물건이나 권리의 성질이 변하지 아니하는 범위에서 이용 또는 개량행위)를 자유롭게 할 수 있다. 부재자재산에 대한 차임청구 및 물건의 인도나 등기청구는 보존행위로서, 부재자재산을 채권자에게 임대하는 것 등은 이용 또는 개량 행위로서 재산관리인이 단독으로 할 수 있다(판례).
  - ⓑ 처분행위: 재산관리인이 처분행위(부재자의 부동산을 매각하거나 저당권을 설정하는 행위)를 하려면 법원의 허가를 받아야 한다. 그러한 허가 없이 한 처분행위는 무권대리로서 무효이다(판례).
  - ⓒ 법원의 허가는 장래의 처분행위뿐만 아니라 이미 한 처분행위를 추인하는 의미로도 할 수 있다(판례).
- ⓔ 권리
  - ⓐ 법원은 그 선임한 재산관리인에 대하여 부재자의 재산으로 상당한 보수를 지급할 수 있다.
  - ⓑ 재산관리인의 직무와 관련된 비용은 부재자의 재산으로써 지급한다.

③ 재산관리의 종료
- ㉠ 부재자 본인이 그 후에 재산관리인을 정한 때에는 법원은 본인, 재산관리인, 이해관계인 또는 검사의 청구에 의하여 재산관리에 관한 처분명령을 취소하여야 한다(제22조 제2항). 처분명령을 취소하면 재산관리는 종료한다. 이 경우의 취소는 소급효가 없다(통설, 판례). 따라서 선임결정 후 그 취소 전에 행한 재산관리인의 권한 내의 행위는 유효하다.
- ㉡ 부재자 본인이 스스로 그 재산을 관리하게 된 때 또는 부재자의 사망이 분명하게 되거나 실종선고가 있는 때에는 본인 또는 이해관계인의 청구에 의해 그 명한 처분을 취소하여야 한다(가사소송규칙 제50조).

판례

1. 법원에 의하여 부재자 재산관리인의 선임결정이 있는 이상, 가사 부재자가 그 이전에 이미 사망하였음이 밝혀졌다 하여도 법에 의한 절차에 따라 그 선임결정이 취소되지 않는 한 선임된 관리인의 권한은 당연히 소멸되지는 아니하고 그 선임결정이 취소된 경우에도 그 취소의 효력은 장래에 향하여서만 생기는 것이고 그간의 그 부재자 재산관리인의 적법한 권한행사의 효과는 이미 사망한 부재자의 재산상속인에게 미친다고 할 것이다(대판 72다1405).
2. 부재자 재산관리인으로서 권한초과행위의 허가를 받고 그 선임결정이 취소되기 전에 위 권한에 의하여 이루어진 행위는 부재자에 대한 실종선고기간이 만료된 뒤에 이루어졌다고 하더라도 유효하다(대판 80다2668).

(3) 부재자가 재산관리인을 둔 경우

① 원칙: 부재자가 둔 재산관리인은 부재자의 수임인이며 또한 부재자의 임의대리인이므로, 그 권한 및 관리방법은 당사자 간의 계약(제680조 이하)에 의하여 정해진다.

② 예외

㉠ 본인의 부재 중 재산관리인의 권한이 소멸한 때: 부재자가 처음부터 재산관리인을 두지 않은 경우와 같다(제22조 제1항 후문).

㉡ 부재자의 생사가 분명하지 아니한 때: 재산관리인·이해관계인 또는 검사의 청구에 의하여 재산관리인을 개임할 수 있다(제23조).

3. 실종선고

> 제27조【실종의 선고】① 부재자의 생사가 5년간 분명하지 아니한 때에는 법원은 이해관계인이나 검사의 청구에 의하여 실종선고를 하여야 한다.
> ② 전지에 임한 자, 침몰한 선박 중에 있던 자, 추락한 항공기 중에 있던 자 기타 사망의 원인이 될 위난을 당한 자의 생사가 전쟁종지 후 또는 선박의 침몰, 항공기의 추락 기타 위난이 종료한 후 1년간 분명하지 아니한 때에도 제1항과 같다.
> 제28조【실종선고의 효과】실종선고를 받은 자는 전조의 기간이 만료한 때에 사망한 것으로 본다.
> 제29조【실종선고의 취소】① 실종자의 생존한 사실 또는 전조의 규정과 상이한 때에 사망한 사실의 증명이 있으면 법원은 본인, 이해관계인 또는 검사의 청구에 의하여 실종선고를 취소하여야 한다. 그러나 실종선고 후 그 취소 전에 선의로 한 행위의 효력에 영향을 미치지 아니한다.
> ② 실종선고의 취소가 있을 때에 실종의 선고를 직접원인으로 하여 재산을 취득한 자가 선의인 경우에는 그 받은 이익이 현존하는 한도에서 반환할 의무가 있고 악의인 경우에는 그 받은 이익에 이자를 붙여서 반환하고 손해가 있으면 이를 배상하여야 한다.

(1) 실종선고의 의의

부재자가 장기간 그 생사가 분명하지 않으면 가정법원의 선고에 의하여 부재자를 사망한 것으로 보고, 남은 배우자의 재혼과 상속인의 상속 등 종래의 주소나 거소를 중심으로 한 법률관계를 확정하는 제도가 '실종선고제도'이다.

(2) 실종선고의 요건

① 부재자의 생사 불분명: 호적부(현 가족관계등록부)의 기재사항은 이를 번복할 만한 명백한 반증이 없는 한 진실에 부합하는 것으로 추정되므로, 호적상 이미 사망한 것으로 기재되어 있는 자는 그 호적상 사망기재의 추정력을 뒤집을 수 있는 자료가 없는 한, 생사가 불분명한 자라고 볼 수 없어 실종선고를 할 수 없다(판례).

② 실종기간의 경과

㉠ 보통실종: 실종기간은 5년이며, 그 기간의 기산점은 민법에 정해져 있지 않으나, 부재자의 생존을 증명할 수 있는 최후의 시기(예컨대 최후의 소식이 있었던 때)로 해석한다(통설).

ⓒ 특별실종: 실종기간은 1년이며, 그 기간의 기산점은 전지에 임한 자(전쟁실종)는 전쟁이 종지한 때, 침몰한 선박 중에 있던 자(선박실종)는 선박이 침몰한 때, 추락한 항공기 중에 있던 자(항공기실종)는 항공기가 추락한 때, 기타 사망의 원인이 될 위난을 당한 자(위난실종)는 그 위난이 종료한 때이다.

③ 이해관계인 또는 검사의 청구

  ㉠ 이해관계인이란 배우자, 추정상속인, 유증의 수증자, 법정대리인, 부재자의 재산관리인, 생명보험금 수취인 등과 같이 실종선고에 의하여 직접적으로 신분상 또는 경제상의 권리를 취득하거나 의무를 면하게 되는 자를 말한다.

  ㉡ 단순히 사실상 이해관계를 가지는 자는 포함되지 않는다. 선순위의 재산상속인이 있는 경우에 후순위의 상속인은 실종선고를 청구할 수 있는 이해관계인에 들어가지 않는다(판례).

④ 공시최고의 절차: 실종선고의 청구를 받은 가정법원은 6개월 이상의 기간을 정하여 부재자 및 부재자의 생사를 아는 자에 대하여 신고하도록 공고하고, 이 공시최고기간이 경과할 때까지 신고가 없으면 실종선고를 하여야 한다(가사소송규칙 제53조).

(3) 실종선고의 효과

① 사망의 간주

  ㉠ 실종선고를 받은 자는 실종기간이 만료한 때에 사망한 것으로 본다.

  ㉡ 실종선고를 받은 자는 사망한 것으로 간주되므로, 선고가 취소되지 않는 한 생존 기타의 반증을 들어서 선고의 효과를 다투지 못하며, 이 효과를 뒤집으려면 실종선고를 취소하여야 한다.

② 사망간주의 시기

  ㉠ 실종기간이 만료한 때에 사망한 것으로 본다(제28조).

  ㉡ 예컨대 2010년 1월 10일에 최후의 생존이 확인된 자에게 2018년에 보통실종선고가 내려지면, 초일불산입원칙에 따라 기산일은 2010년 1월 11일이 되고, 5년의 실종기간이 만료되는 2015년 1월 10일 24시에 사망한 것으로 간주된다.

③ 사망간주의 범위

  ㉠ 실종선고는 실종자의 '종래의 주소 또는 거소를 중심으로 하는 사법적 법률관계'만을 종료케 하는 것이며, 권리능력을 박탈하는 제도는 아니다. 실종자의 '다른 곳에서의 신주소를 중심으로 하는 법률관계'에 관하여는 사망의 효과가 미치지 않는다.

  ㉡ 사법적 법률관계에 관한 것이므로 '공법상의 선거권·피선거권의 유무'나 '실종자의 또는 실종자에 대한 범죄의 성부' 등은 실종선고와는 관계없이 결정된다.

(4) 실종선고의 취소

① 의의: 실종선고에 의하여 실종자는 사망한 것으로 간주되므로 실종자의 생존 기타의 반증이 있어도 그것만으로 사망이라는 선고의 효과를 뒤집지 못하고, 그 선고의 효과를 뒤집기 위해서는 반드시 실종선고의 취소가 있어야 한다.

판례

> 실종선고를 받은 자는 실종기간이 만료한 때에 사망한 것으로 간주되는 것이므로, 실종선고로 인하여 실종기간 만료 시를 기준으로 하여 상속이 개시된 이상, 이후 실종선고가 취소되어야 할 사유가 생겼다고 하더라도 실제로 실종선고가 취소되지 않는 한, 임의로 실종기간이 만료하여 사망한 때로 간주되는 시점과는 달리 사망시점을 정하여 이미 개시된 상속을 부정하고 이와 다른 상속관계를 인정할 수는 없다(대판 94다21542).

② 실종선고 취소의 요건: 실종자가 생존하고 있는 사실, 실종기간이 만료된 때와 다른 시기에 사망한 사실(제29조 제1항 본문)의 증명이 있으면 법원은 본인, 이해관계인 또는 검사의 청구에 의하여 실종선고를 취소하여야 한다.

③ 절차: 실종선고의 경우와 달리 실종선고의 취소에는 공시최고를 요하지 않는다. 요건이 갖추어지면 법원은 반드시 실종선고를 취소하여야 한다.

④ 실종선고 취소의 효과

㉠ 소급적 무효: 실종선고가 취소되면 실종선고로 생긴 법률관계는 소급적으로 무효가 된다.

㉡ 예외적 소급효의 제한: '실종선고 후 그 취소 전'에 '선의로 한 행위'는 실종선고의 취소에도 불구하고 유효하다(제29조 제1항 단서). 여기에는 '실종선고 전'에 한 행위이거나 실종선고의 취소 후에 한 행위는 그 적용이 없다. 따라서 그 행위는 실종선고 취소의 효과를 받는다.

㉢ 실종선고를 직접원인으로 재산을 취득한 자의 반환의무(제29조 제2항)

ⓐ 반환의무자는 실종선고를 '직접원인'으로 하여 재산을 취득한 자(실종자의 상속인, 실종자로부터 유증 또는 사인증여를 받은 자, 생명보험수익자 등)이다. 따라서 실종선고를 간접원인으로 하여 재산을 취득한 자인 전득자(상속인으로부터 상속재산을 매수한 자)는 포함되지 않는다.

ⓑ 반환의 범위는 부당이득에 있어서의 수익자의 반환범위(제748조)와 같다. 선의인 경우에는 그 받은 이익이 현존하는 한도에서 반환할 의무를 지고 그가 악의인 경우에는 그 받은 이익에 이자를 붙여 반환하고 그 밖에 손해가 있으면 그 손해도 배상하여야 한다(제29조 제2항).

제3절 ▎법인

Ⅰ. 서설

1. 법인의 의의

법인이란 자연인이 아닌 단체에게 권리능력(법인격)을 부여한 것을 말한다. 법인에는 일정한 목적하에 결합된 사람의 조직체로서 권리능력이 부여된 단체인 사단법인과 일정한 목적에 바쳐진 재산으로서 권리능력이 부여된 재단법인이 있다.

구분	사단법인	재단법인
설립요건	① 비영리성 ② 설립행위 - 정관작성 ③ 주무관청의 허가 ④ 설립등기	① 비영리성 ② 설립행위 - 정관작성 + 출연행위 ③ 주무관청의 허가 ④ 설립등기
설립행위의 성질	합동행위, 요식행위	상대방 없는 단독행위, 요식행위
정관 기재사항	① 목적 ② 명칭 ③ 사무소의 소재지 ④ 자산에 관한 규정 ⑤ 이사의 임면에 관한 규정 ⑥ 사원자격의 득실에 관한 규정 ⑦ 존립시기나 해산사유를 정하는 때에는 그 시기 또는 사유	① 목적 ② 명칭 ③ 사무소의 소재지 ④ 자산에 관한 규정 ⑤ 이사의 임면에 관한 규정
정관의 보충	×	명칭, 사무소의 소재지, 이사의 임면에 관한 규정
정관의 변경 (주무관청의 허가)	총 사원 3분의 2 이상의 동의 (정관으로 달리 정할 수 있음)	1. 원칙: 불가 2. 예외적 변경 　① 변경방법을 정관에 정한 때 　② 명칭, 사무소의 소재지 변경
해산사유	① 존립기간의 만료 ② 법인의 목적의 달성 또는 달성의 불능 기타 정관에 정한 해산사유의 발생 ③ 파산 ④ 설립허가의 취소 ⑤ 사원이 없게 된 경우 ⑥ 총회의 결의(총 사원 4분의 3 동의)	① 존립기간의 만료 ② 법인의 목적의 달성 또는 달성의 불능 기타 정관에 정한 해산사유의 발생 ③ 파산 ④ 설립허가의 취소

2. 영리법인과 비영리법인

① 영리법인은 구성원의 이익을 목적으로 하며 이익이 구성원에게 분배되는 법인을 말한다.

② 비영리법인은 영리 아닌 사업을 목적으로 하는 법인을 말한다. 영리 아닌 사업을 목적으로 한다는 것은 사업에 따른 이익을 구성원에게 분배하지 않는다는 의미이다. 재단법인은 이익을 분배해 줄 구성원(사원)이 없기 때문에 항상 비영리법인이며, 사단법인은 영리법인일 수도 있고 비영리법인일 수도 있다. 영리법인 중에서도 상행위를 목적으로 하는 사단법인을 상사회사라고 하고, 상행위 이외의 영리행위를 목적으로 하는 것을 민사회사(제39조)라고 한다. 그러나 민사회사에도 상법이 적용되므로(상법 제169조 참조) 민법의 적용을 받는 것은 재단법인과 비영리사단법인이다.

Ⅱ. 법인의 설립

1. 법인의 성립

> **제31조 【법인성립의 준칙】** 법인은 법률의 규정에 의함이 아니면 성립하지 못한다.

법인은 법률의 규정에 의함이 아니면 성립하지 못한다. 따라서 법인의 자유설립을 부정하고 비영리법인의 설립에 관하여 허가주의를 채용하고 있다.

2. 비영리사단법인의 설립

> **제32조 【비영리법인의 설립과 허가】** 학술, 종교, 자선, 기예, 사교 기타 영리아닌 사업을 목적으로 하는 사단 또는 재단은 주무관청의 허가를 얻어 이를 법인으로 할 수 있다.

(1) 목적의 비영리성

영리 아닌 사업(사업에 따른 이익을 구성원에게 분배하지 못한다)을 목적으로 하여야 한다. 다만 목적의 달성을 위하여 부수적으로 영리행위를 하는 것은 허용된다.

(2) 설립행위

① 정관작성: 2인 이상의 설립자가 법인의 자치법규인 정관을 작성하고 기명날인하여야 한다(제40조). 정관을 작성하는 행위가 사단법인의 설립행위이다. 정관작성행위의 법적 성질은 합동행위로 본다(통설).

> **판례**
>
> 사단법인의 정관은 이를 작성한 사원뿐만 아니라 그 후에 가입한 사원이나 사단법인의 기관 등도 구속하는 점에 비추어 보면 그 법적 성질은 계약이 아니라 자치법규로 보는 것이 타당하므로, 이는 어디까지나 객관적인 기준에 따라 그 규범적인 의미 내용을 확정하는 법규해석의 방법으로 해석되어야 하는 것이지, 작성자의 주관이나 해석 당시의 사원의 다수결에 의한 방법으로 자의적으로 해석될 수는 없다 할 것이어서, 어느 시점의 사단법인의 사원들이 정관의 규범적인 의미 내용과 다른 해석을 사원총회의 결의라는 방법으로 표명하였다 하더라도 그 결의에 의한 해석은 그 사단법인의 구성원인 사원들이나 법원을 구속하는 효력이 없다(대판 99다12437).

② 정관의 기재사항
  ㉠ 필요적 기재사항: 정관에 반드시 기재하여야 하고, 그중 어느 하나라도 누락되면 정관 전체가 무효로 되는 사항을 말한다(제40조).

> **제40조 【사단법인의 정관】** 사단법인의 설립자는 다음 각 호의 사항을 기재한 정관을 작성하여 기명날인하여야 한다.
> 1. 목적

>   2. 명칭
>   3. 사무소의 소재지
>   4. 자산에 관한 규정
>   5. 이사의 임면에 관한 규정
>   6. 사원자격의 득실에 관한 규정
>   7. 존립시기나 해산사유를 정하는 때에는 그 시기 또는 사유

    ⓒ 임의적 기재사항: 그 밖의 사항도 정관에 기재할 수 있는데, 이것을 정관의 임의적 기재사항이라고 한다. 임의적 기재사항도 일단 정관에 기재되면 필요적 기재사항과 마찬가지 효과를 가진다.

(3) 주무관청의 허가

학술, 종교, 자선, 기예, 사교 기타 영리 아닌 사업을 목적으로 하는 사단 또는 재단은 주무관청의 허가를 얻어 이를 법인으로 할 수 있다(제32조).

(4) 설립등기

법인은 그 주된 사무소의 소재지에서 설립등기를 함으로써 성립한다(제33조).

3. 재단법인의 설립

(1) 목적의 비영리성

비영리사단법인의 경우와 마찬가지로, 영리가 아닌 사업을 목적으로 하여야 한다.

(2) 설립행위

① 의의: 사단법인의 설립행위는 정관작성이지만 재단법인의 설립행위는 재산의 출연과 정관의 작성으로 이루어진다. 재단법인의 설립행위는 요식행위이며, 재단법인에게 법인격을 취득시키려는 상대방 없는 단독행위이다(판례).

② 증여 및 유증에 관한 규정의 준용(제47조)
    ㉠ 생전처분으로 재단법인을 설립하는 때에는 증여에 관한 규정을 준용한다.
    ⓒ 유언으로 재단법인을 설립하는 때에는 유증에 관한 규정을 준용한다.

판례

> [1] 민법 제47조 제1항에 의하여 생전처분으로 재단법인을 설립하는 때에 준용되는 민법 제555조는 "증여의 의사가 서면으로 표시되지 아니한 경우에는 각 당사자는 이를 해제할 수 있다."고 함으로써 서면에 의한 증여(출연)의 해제를 제한하고 있으나, 그 해제는 민법 총칙상의 취소와는 요건과 효과가 다르므로 서면에 의한 출연이더라도 민법 총칙규정에 따라 출연자가 착오에 기한 의사표시라는 이유로 출연의 의사표시를 취소할 수 있고, 상대방 없는 단독행위인 재단법인에 대한 출연행위라고 하여 달리 볼 것은 아니다.

> [2] 재단법인에 대한 출연자와 법인과의 관계에 있어서 그 출연행위에 터잡아 법인이 성립되면 그로써 출연재산은 민법 제48조에 의하여 법인 성립 시에 법인에게 귀속되어 법인의 재산이 되는 것이고, 출연재산이 부동산인 경우에 있어서도 위 양당사자 간의 관계에 있어서는 법인의 성립 외에 등기를 필요로 하는 것은 아니라 할지라도, 재단법인의 출연자가 착오를 원인으로 취소를 한 경우에는 출연자는 재단법인의 성립 여부나 출연된 재산의 기본재산인 여부와 관계없이 그 의사표시를 취소할 수 있다(대판 98다9045).

③ 출연재산의 귀속시기

> **제48조【출연재산의 귀속시기】** ① 생전처분으로 재단법인을 설립하는 때에는 출연재산은 법인이 성립된 때로부터 법인의 재산이 된다.
> ② 유언으로 재단법인을 설립하는 때에는 출연재산은 유언의 효력이 발생한 때로부터 법인에 귀속한 것으로 본다.

㉠ 출연재산이 물권인 경우: 출연재산이 부동산인 경우에도 출연자와 법인 사이에서는 등기 없이 부동산소유권이 법인 설립 시 법인에 귀속하지만, 법인이 그 취득한 부동산을 갖고 제3자에게 대항하기 위해서는 제186조의 원칙에 따라 등기하여야 한다(판례).

㉡ 출연재산이 채권인 경우: 지명채권의 경우에는 견해의 대립 없이 제48조가 정한 시기에 법인에 귀속된다.

④ 정관작성

㉠ 정관의 기재사항: 사단법인의 정관 기재사항 중에서 제40조 제6호(사원자격의 득실에 관한 규정)와 제7호(법인의 존립시기나 해산사유)는 재단법인의 필요적 기재사항이 아니다. 재단법인에는 사원이 없기 때문에 사원에 관한 규정은 당연히 없는 것이고, 존립시기·해산사유에 관한 규정은 재단법인의 영속성을 고려하고 설립자의 의사를 존중하기 위하여 임의적 기재사항으로 하였다.

㉡ 정관의 보충: 재단법인의 설립자가 그 명칭, 사무소소재지 또는 이사임면의 방법을 정하지 아니하고 사망한 때에는 이해관계인 또는 검사의 청구에 의하여 법원이 이를 정한다(제44조). 사단법인은 사원이 스스로 보충할 수 있기 때문에 규정이 따로 없으나 재단법인은 설립자가 경미한 사항을 정하지 않고 사망한 경우에 법원이 이를 정하여 재단법인이 성립할 수 있도록 정관보충의 규정이 있는 것이다.

Ⅲ. 법인의 능력

1. 권리능력

> **제34조【법인의 권리능력】** 법인은 법률의 규정에 좇아 정관으로 정한 목적의 범위 내에서 권리와 의무의 주체가 된다.

(1) 법인의 권리능력의 의의

법인도 권리능력을 가진다. 다만 법률의 규정에 좇아 정관으로 정한 목적의 범위 내에서만 권리와 의무의 주체가 된다.

(2) 법인의 권리능력의 제한

① 성질에 의한 제한: 법인은 자연인의 속성을 전제로 하는 권리인 생명권, 친권 등의 주체가 될 수 없다.

② 법률에 의한 제한: 법인의 권리능력은 법률에 의해 제한될 수 있다.

③ 목적에 의한 제한: 법인은 정관으로 정한 목적의 범위 내에서 권리능력을 가진다(제34조). "목적범위 내의 행위"라 함은 정관에 명시된 목적 자체에 국한되는 것이 아니라 그 목적을 수행하는 데 있어 직접 또는 간접으로 필요한 행위는 모두 포함되고 목적수행에 필요한지의 여부도 행위의 객관적 성질에 따라 추상적으로 판단할 것이지 행위자의 주관적·구체적 의사에 따라 판단하는 것은 아니다(대판 86다카1230).

2. 법인의 행위능력

대표기관의 행위는 법인의 행위로 간주된다. 법인은 권리능력의 범위에서 행위능력을 갖는다는 것이 통설이다.

3. 불법행위능력

> 제35조【법인의 불법행위능력】① 법인은 이사 기타 대표자가 그 직무에 관하여 타인에게 가한 손해를 배상할 책임이 있다. 이사 기타 대표자는 이로 인하여 자기의 손해배상책임을 면하지 못한다.
> ② 법인의 목적범위 외의 행위로 인하여 타인에게 손해를 가한 때에는 그 사항의 의결에 찬성하거나 그 의결을 집행한 사원, 이사 및 기타 대표자가 연대하여 배상하여야 한다.
> 제750조【불법행위의 내용】고의 또는 과실로 인한 위법행위로 타인에게 손해를 가한 자는 그 손해를 배상할 책임이 있다.
> 제756조【사용자의 배상책임】① 타인을 사용하여 어느 사무에 종사하게 한 자는 피용자가 그 사무집행에 관하여 제삼자에게 가한 손해를 배상할 책임이 있다. 그러나 사용자가 피용자의 선임 및 그 사무감독에 상당한 주의를 한 때 또는 상당한 주의를 하여도 손해가 있을 경우에는 그러하지 아니하다.
> ② 사용자에 갈음하여 그 사무를 감독하는 자도 전항의 책임이 있다.
> ③ 전 2항의 경우에 사용자 또는 감독자는 피용자에 대하여 구상권을 행사할 수 있다.

(1) 적용범위

① 민법 제750조는 '고의 또는 과실로 인한 위법행위로 타인에게 손해를 가한 자는 그 손해를 배상할 책임이 있다.'고 규정하고 있다. 그러나 법인의 불법행위에 관하여는 제35조 제1항에서 따로 정하고 있다는 점에서 제750조에 대한 특칙이라고 할 수 있다.

② 법인의 불법행위책임이 인정되는 경우에는 제756조 사용자책임은 성립하지 않는다. 법인에 있어서 그 대표자가 직무에 관하여 불법행위를 한 경우에는 민법 제35조 제1항에 의하여, 법인의 피용자가 사무집행에 관하여 불법행위를 한 경우에는 민법 제756조 제1항에 의하여 각기 손해배상책임을 부담한다(대판 2009다57033).

(2) 성립요건

① **대표기관의 행위**: 법인의 불법행위가 성립하려면 법인의 대표기관의 행위이어야 한다. 그러나 감사·사원총회와 같이 법인의 대표기관이 아닌 기관이나 이사가 선임한 특정행위의 대리인(제62조)이나 지배인 등의 불법행위에 관하여는 제35조의 법인의 불법행위는 성립하지 않는다.

> **판례**
> 1. 민법 제35조에서 말하는 '이사 기타 대표자'는 법인의 대표기관을 의미하는 것이고 대표권이 없는 이사는 법인의 기관이기는 하지만 대표기관은 아니기 때문에 그들의 행위로 인하여 법인의 불법행위가 성립하지 않는다(대판 2003다30159).
> 2. 민법 제35조 제1항은 "법인은 이사 기타 대표자가 그 직무에 관하여 타인에게 가한 손해를 배상할 책임이 있다."라고 정한다. 여기서 '법인의 대표자'에는 그 명칭이나 직위 여하, 또는 대표자로 등기되었는지 여부를 불문하고 당해 법인을 실질적으로 운영하면서 법인을 사실상 대표하여 법인의 사무를 집행하는 사람을 포함한다고 해석함이 상당하다(대판 2008다15438).

② **직무에 관한 행위**
  ㉠ 대표기관의 행위가 직무에 관한 행위에 해당하는지 여부는 행위의 외형상 판단한다(외형이론). 그 직무에 관한 것이라는 의미는 행위의 외형상 법인의 대표자의 직무행위라고 인정할 수 있는 것이라면 설사 그것이 대표자 개인의 사리를 도모하기 위한 것이었거나 혹은 법령의 규정에 위배된 것이었다 하더라도 위의 직무에 관한 행위에 해당한다고 보아야 한다(대판 2003다15280).
  ㉡ 법인의 대표자의 행위가 직무에 관한 행위에 해당하지 아니함을 피해자 자신이 알았거나 또는 중대한 과실로 인하여 알지 못한 경우에는 법인에 손해배상책임을 물을 수 없다(대판 2003다34045).

(3) 법인의 불법행위의 효과

① **법인의 불법행위가 성립하는 경우(제35조 제1항)**: 법인의 불법행위가 성립하면, 법인은 피해자에 대하여 그 손해를 배상하여야 한다. 법인이 대표자의 선임·감독에 주의를 다하였어도 면책되지 않는다(무과실 책임). 법인의 배상책임이 인정된다고 하더라도 대표기관이 자기의 손해배상책임을 면하지 못한다. 따라서 피해자는 법인 또는 대표기관 개인에 대해 손해배상을 청구할 수 있고, 이 양자의 채무는 '부진정연대채무'로 해석된다. 법인이 피해자에게 손해를 배상한 경우에는 법인은 대표기관 개인에게 구상권을 행사할 수 있다(제65조, 제61조).

② **법인의 불법행위가 성립하지 않는 경우(제35조 제2항)**: 법인의 목적범위 외의 행위로 인하여 타인에게 손해를 가한 때에는 법인의 불법행위는 성립하지 않는다. 이때는 피해자를 두텁게

보호하기 위하여, 그 사항의 의결에 찬성하거나 그 의결을 집행한 사원, 이사 및 기타 대표자가 공동불법행위(제760조)의 성립 여부를 불문하고 연대하여 배상책임을 진다.

(4) 유추적용

비법인사단의 경우에도 제35조가 유추적용될 수 있다(판례).

Ⅳ. 법인의 기관

1. 기관의 의의 및 종류

법인의 기관으로 사원총회(의사결정기관), 이사(집행기관 및 대표기관), 감사(감독기관)의 세 가지가 있는데, 법인의 종류에 따라 다르다. 이사는 모든 법인의 필수기관이나, 감사는 임의기관이다. 사원총회는 사단법인에는 필수기관이나, 사원이 없는 재단법인에는 성질상 있을 수 없다.

2. 이사

(1) 의의(법인의 필수기관)

> 제57조 【이사】 법인은 이사를 두어야 한다.
> 제689조 【위임의 상호해지의 자유】 ① 위임계약은 각 당사자가 언제든지 해지할 수 있다.
>   ② 당사자 일방이 부득이한 사유 없이 상대방의 불리한 시기에 계약을 해지한 때에는 그 손해를 배상하여야 한다.
> 제691조 【위임종료시의 긴급처리】 위임종료의 경우에 급박한 사정이 있는 때에는 수임인, 그 상속인이나 법정대리인은 위임인, 그 상속인이나 법정대리인이 위임사무를 처리할 수 있을 때까지 그 사무의 처리를 계속하여야 한다. 이 경우에는 위임의 존속과 동일한 효력이 있다.

이사는 대외적으로 법인을 대표하고 대내적으로 법인의 사무를 집행하는 상설의 필수기관이다. 이사의 수에는 제한이 없으므로 정관에서 임의로 정할 수 있다.

(2) 이사의 임면

① 이사의 임면(任免)에 관한 규정은 정관의 필요적 기재사항이다(제40조 제5호). 이사의 선임행위는 법인과 이사 간의 위임과 유사한 계약이므로 정관에 특별한 정함이 없으면 위임의 규정이 유추적용된다. 이사의 해임 및 퇴임도 마찬가지이다.

② 이사의 성명·주소는 등기사항이며(제49조 제2항), 이를 등기하지 않으면 이사의 선임, 해임 및 퇴임을 가지고 제3자에게 대항할 수 없다(제54조 제1항).

(3) 이사의 직무권한

① 법인의 대표권(대외적 권한)

> 제59조 【이사의 대표권】 ① 이사는 법인의 사무에 관하여 각자 법인을 대표한다. 그러나 정관에 규정한 취지에 위반할 수 없고 특히 사단법인은 총회의 의결에 의하여야 한다.
>   ② 법인의 대표에 관하여는 대리에 관한 규정을 준용한다.

㉠ 단독대표의 원칙: 이사가 수인이 있어도 이사 각자가 법인을 대표한다. 법인의 대표에 관하여는 대리에 관한 규정이 준용된다.
㉡ 대표권의 제한
　ⓐ 정관에 의한 제한: 이사의 대표권은 제한할 수 있으나 이사의 대표권에 대한 제한은 이를 정관에 기재하지 아니하면 그 효력이 없다(제41조). 이사의 대표권의 제한을 정관에 기재하여 유효한 경우에도 이를 등기하지 아니하면 제3자에게 대항할 수 없다(제60조). 이 때 제3자의 선·악을 불문한다(판례).
　ⓑ 총회의 의결에 의한 제한: 사단법인의 이사의 대표권은 사원총회의 의결로써 제한할 수도 있다.
　ⓒ 이익상반의 경우: 법인과 이사의 이익이 상반하는 사항에 관하여는 이사는 대표권이 없으며, 이 경우에는 이해관계인 또는 검사의 청구에 의하여 법원이 선임하는 특별대리인이 법인을 대표한다(제64조).
　ⓓ 이사의 대리인 선임의 제한: 이사는 원칙적으로 자신이 대표권을 행사하여야 한다. 다만, 이사는 정관 또는 총회의 결의로 금지하지 아니한 사항에 한하여 타인으로 하여금 특정한 행위를 대리하게 할 수 있다(제62조). 그러나 포괄적 대리권의 수여는 인정되지 않는다.

판례

> 비법인사단에 대하여는 사단법인에 관한 민법 규정 가운데 법인격을 전제로 하는 것을 제외하고는 이를 유추적용하여야 하는데, 민법 제62조에 비추어 보면 비법인사단의 대표자는 정관 또는 총회의 결의로 금지하지 아니한 사항에 한하여 타인으로 하여금 특정한 행위를 대리하게 할 수 있을 뿐 비법인사단의 제반 업무처리를 포괄적으로 위임할 수는 없으므로 비법인사단 대표자가 행한 타인에 대한 업무의 포괄적 위임과 그에 따른 포괄적 수임인의 대행행위는 민법 제62조를 위반한 것이어서 비법인사단에 대하여 그 효력이 미치지 않는다(대판 2008다15438).

② 법인의 사무집행권(대내적 권한)

> 제58조 【이사의 사무집행】 ① 이사는 법인의 사무를 집행한다.
> ② 이사가 수인인 경우에는 정관에 다른 규정이 없으면 법인의 사무집행은 이사의 과반수로써 결정한다.
> 제55조 【재산목록과 사원명부】 ① 법인은 성립한 때 및 매년 3월 내에 재산목록을 작성하여 사무소에 비치하여야 한다. 사업연도를 정한 법인은 성립한 때 및 그 연도말에 이를 작성하여야 한다.
> ② 사단법인은 사원명부를 비치하고 사원의 변경이 있는 때에는 이를 기재하여야 한다.
> 제79조 【파산신청】 법인이 채무를 완제하지 못하게 된 때에는 이사는 지체 없이 파산신청을 하여야 한다.

(4) 이사의 주의의무

> **제61조【이사의 주의의무】** 이사는 선량한 관리자의 주의로 그 직무를 행하여야 한다.
> **제65조【이사의 임무해태】** 이사가 그 임무를 해태한 때에는 그 이사는 법인에 대하여 연대하여 손해배상의 책임이 있다.

(5) 임시이사

> **제63조【임시이사의 선임】** 이사가 없거나 결원이 있는 경우에 이로 인하여 손해가 생길 염려 있는 때에는 법원은 이해관계인이나 검사의 청구에 의하여 임시이사를 선임하여야 한다.

(6) 특별대리인

> **제64조【특별대리인의 선임】** 법인과 이사의 이익이 상반하는 사항에 관하여는 이사는 대표권이 없다. 이 경우에는 전조의 규정에 의하여 특별대리인을 선임하여야 한다.

(7) 직무대행자

> **제52조의2【직무집행정지 등 가처분의 등기】** 이사의 직무집행을 정지하거나 직무대행자를 선임하는 가처분을 하거나 그 가처분을 변경·취소하는 경우에는 주사무소가 있는 곳의 등기소에서 이를 등기하여야 한다.
> **제60조의2【직무대행자의 권한】** ① 제52조의2의 직무대행자는 가처분명령에 다른 정함이 있는 경우 외에는 법인의 통상사무에 속하지 아니한 행위를 하지 못한다. 다만, 법원의 허가를 얻은 경우에는 그러하지 아니하다.
> ② 직무대행자가 제1항의 규정에 위반한 행위를 한 경우에도 법인은 선의의 제3자에 대하여 책임을 진다.

3. 감사

(1) 의의(법인의 임의기관)

> **제66조【감사】** 법인은 정관 또는 총회의 결의로 감사를 둘 수 있다.

감사는 법인의 임의기관이다. 또한 법인의 대표기관이 아니므로 감사의 성명 및 주소는 등기사항이 아니다. 감사의 선임방법, 자격, 임기 등은 정관 또는 총회의 결의로 정해진다.

(2) 감사의 직무

> **제67조 【감사의 직무】** 감사의 직무는 다음과 같다.
> 1. 법인의 재산상황을 감사하는 일
> 2. 이사의 업무집행의 상황을 감사하는 일
> 3. 재산상황 또는 업무집행에 관하여 부정, 불비한 것이 있음을 발견한 때에는 이를 총회 또는 주무관청에 보고하는 일
> 4. 전호의 보고를 하기 위하여 필요있는 때에는 총회를 소집하는 일

판례

> 학교법인의 이사나 감사 전원 또는 그 일부의 임기가 만료되었다고 하더라도, 그 후임이사나 후임감사를 선임하지 않았거나 또는 그 후임이사나 후임감사를 선임하였다고 하더라도 그 선임결의가 무효이고 임기가 만료되지 아니한 다른 이사나 감사만으로는 정상적인 학교법인의 활동을 할 수 없는 경우, 임기가 만료된 구 이사나 감사로 하여금 학교법인의 업무를 수행케 함이 부적당하다고 인정할 만한 특별한 사정이 없는 한, 민법 제691조를 유추하여 구 이사나 감사에게는 후임이사나 후임감사가 선임될 때까지 종전의 직무를 계속하여 수행할 긴급처리권이 인정된다(대판 2006두19297).

4. 사원총회

(1) 의의

사원총회는 사단법인에만 있는 필수기관이다. 사단법인의 전 사원으로 구성되는 최고의 의사결정기관이며 정관의 규정에 의해서도 폐지할 수 없다.

(2) 사원총회의 종류

① 통상총회: 사단법인의 이사는 매년 1회 이상 통상총회를 소집하여야 한다(제69조).

② 임시총회

> **제70조 【임시총회】** ① 사단법인의 이사는 필요하다고 인정한 때에는 임시총회를 소집할 수 있다.
> ② 총 사원의 5분의 1 이상으로부터 회의의 목적사항을 제시하여 청구한 때에는 이사는 임시총회를 소집하여야 한다. 이 정수는 정관으로 증감할 수 있다.
> ③ 전항의 청구있는 후 2주간 내에 이사가 총회 소집의 절차를 밟지 아니한 때에는 청구한 사원은 법원의 허가를 얻어 이를 소집할 수 있다.

(3) 사원총회의 권한

> **제68조 【총회의 권한】** 사단법인의 사무는 정관으로 이사 또는 기타 임원에게 위임한 사항 외에는 총회의 결의에 의하여야 한다.

(4) 사원총회의 소집

> 제71조【총회의 소집】총회의 소집은 1주간 전에 그 회의의 목적사항을 기재한 통지를 발하고 기타 정관에 정한 방법에 의하여야 한다.

(5) 사원총회의 결의

① 총회의 성립: 총회의 결의가 성립하려면 먼저 총회 자체가 성립하고 있어야 한다. 총회가 성립하기 위해서는 소정의 절차에 따라 적법하게 소집되고, 정관이 정한 정족수의 사원이 출석하여야 한다.

② 결의사항

> 제72조【총회의 결의사항】총회는 전조의 규정에 의하여 통지한 사항에 관하여서만 결의할 수 있다. 그러나 정관에 다른 규정이 있는 때에는 그 규정에 의한다.

③ 결의권

> 제73조【사원의 결의권】① 각 사원의 결의권은 평등으로 한다.
> ② 사원은 서면이나 대리인으로 결의권을 행사할 수 있다.
> ③ 전 2항의 규정은 정관에 다른 규정이 있는 때에는 적용하지 아니한다.
> 제74조【사원이 결의권없는 경우】사단법인과 어느 사원과의 관계사항을 의결하는 경우에는 그 사원은 결의권이 없다.

④ 결의의 방법(의결정족수)

> 제75조【총회의 결의방법】① 총회의 결의는 본법 또는 정관에 다른 규정이 없으면 사원 과반수의 출석과 출석사원의 결의권의 과반수로써 한다.
> ② 제73조 제2항의 경우에는 당해사원은 출석한 것으로 한다.

⑤ 의사록의 작성

> 제76조【총회의 의사록】① 총회의 의사에 관하여는 의사록을 작성하여야 한다.
> ② 의사록에는 의사의 경과, 요령 및 결과를 기재하고 의장 및 출석한 이사가 기명날인하여야 한다.
> ③ 이사는 의사록을 주된 사무소에 비치하여야 한다.

(6) 사원권

> 제56조【사원권의 양도, 상속금지】사단법인의 사원의 지위는 양도 또는 상속할 수 없다.

① 사원권의 의의: 사원은 사단법인의 존립의 기초이지만 사원자체가 사단법인의 기관은 아니다. 사단법인에 있어서 사원은 여러 권리와 의무가 있는데 이를 총괄한 사원의 지위를 사원권이라 한다.

② 양도 또는 상속: "사단법인의 사원의 지위는 양도 또는 상속할 수 없다."고 한 민법 제56조의 규정은 강행규정은 아니라고 할 것이므로, 정관에 의하여 이를 인정하고 있을 때에는 양도·상속이 허용된다(대판 91다26850).

V. 법인의 주소, 등기, 감독

1. 법인의 주소

제36조【법인의 주소】법인의 주소는 그 주된 사무소의 소재지에 있는 것으로 한다.

2. 등기

법인의 등기로서 설립등기는 성립요건으로서의 등기이고 그 외의 등기는 모두 제3자에게 대항하기 위한 등기이다.

제33조【법인설립의 등기】법인은 그 주된 사무소의 소재지에서 설립등기를 함으로써 성립한다.
제49조【법인의 등기사항】① 법인설립의 허가가 있는 때에는 3주간 내에 주된 사무소소재지에서 설립등기를 하여야 한다.
　② 전항의 등기사항은 다음과 같다.
1. 목적
2. 명칭
3. 사무소
4. 설립허가의 연월일
5. 존립시기나 해산이유를 정한 때에는 그 시기 또는 사유
6. 자산의 총액
7. 출자의 방법을 정한 때에는 그 방법
8. 이사의 성명, 주소
9. 이사의 대표권을 제한한 때에는 그 제한
제50조【분사무소(分事務所) 설치의 등기】법인이 분사무소를 설치한 경우에는 주사무소(主事務所)의 소재지에서 3주일 내에 분사무소 소재지와 설치 연월일을 등기하여야 한다.
제51조【사무소 이전의 등기】① 법인이 주사무소를 이전한 경우에는 종전 소재지 또는 새 소재지에서 3주일 내에 새 소재지와 이전 연월일을 등기하여야 한다.
② 법인이 분사무소를 이전한 경우에는 주사무소 소재지에서 3주일 내에 새 소재지와 이전 연월일을 등기하여야 한다.
제52조【변경등기】제49조 제2항의 사항 중에 변경이 있는 때에는 3주간 내에 변경등기를 하여야 한다.

제52조의2 【직무집행정지 등 가처분의 등기】 이사의 직무집행을 정지하거나 직무대행자를 선임하는 가처분을 하거나 그 가처분을 변경·취소하는 경우에는 주사무소가 있는 곳의 등기소에서 이를 등기하여야 한다.

제53조 【등기기간의 기산】 전 3조의 규정에 의하여 등기할 사항으로 관청의 허가를 요하는 것은 그 허가서가 도착한 날로부터 등기의 기간을 기산한다.

제54조 【설립등기 이외의 등기의 효력과 등기사항의 공고】 ① 설립등기 이외의 본절의 등기사항은 그 등기 후가 아니면 제삼자에게 대항하지 못한다.
② 등기한 사항은 법원이 지체 없이 공고하여야 한다.

제85조 【해산등기】 ① 청산인은 법인이 파산으로 해산한 경우가 아니면 취임 후 3주일 내에 다음 각 호의 사항을 주사무소 소재지에서 등기하여야 한다.
  1. 해산 사유와 해산 연월일
  2. 청산인의 성명과 주소
  3. 청산인의 대표권을 제한한 경우에는 그 제한
② 제1항의 등기에 관하여는 제52조를 준용한다.

3. 감독

제37조 【법인의 사무의 검사, 감독】 법인의 사무는 주무관청이 검사, 감독한다.
제95조 【해산, 청산의 검사, 감독】 법인의 해산 및 청산은 법원이 검사, 감독한다.

VI. 정관변경

1. 의의

사원의 자주적인 의사결정에 따라 자율적으로 운영되는 사단법인에 있어서는 그 변경이 원칙적으로 허용되지만, 설립자의 의사에 따라 타율적으로 운영되는 재단법인에 있어서는 그 변경에 제약이 있다.

2. 사단법인의 정관변경

제42조 【사단법인의 정관의 변경】 ① 사단법인의 정관은 총 사원 3분의 2 이상의 동의가 있는 때에 한하여 이를 변경할 수 있다. 그러나 정수에 관하여 정관에 다른 규정이 있는 때에는 그 규정에 의한다.
② 정관의 변경은 주무관청의 허가를 얻지 아니하면 그 효력이 없다.

3. 재단법인의 정관변경

(1) 원칙적 금지

재단법인은 설립자가 정한 목적과 조직에 따라 타율적으로 운영되는 법인이고 사단법인과 같은 의사결정기관인 사원총회가 없기 때문에 정관을 변경하지 못하는 것이 원칙이다.

(2) 예외적 변경

> 제45조【재단법인의 정관변경】① 재단법인의 정관은 그 변경방법을 정관에 정한 때에 한하여 변경할 수 있다.
> ② 재단법인의 목적달성 또는 그 재산의 보전을 위하여 적당한 때에는 전항의 규정에 불구하고 명칭 또는 사무소의 소재지를 변경할 수 있다.
> ③ 제42조 제2항의 규정은 전 2항의 경우에 준용한다.
> 제46조【재단법인의 목적 기타의 변경】 재단법인의 목적을 달성할 수 없는 때에는 설립자나 이사는 주무관청의 허가를 얻어 설립의 취지를 참작하여 그 목적 기타 정관의 규정을 변경할 수 있다.

재단법인의 정관변경의 허가는 법률상의 표현이 허가로 되어 있기는 하나, 그 성질에 있어 법률행위의 효력을 보충해 주는 것이지 일반적 금지를 해제하는 것이 아니므로 그 법적 성격은 인가로 본다(대판 95누4810 전합).

(3) 기본재산의 처분, 편입과 정관변경

재단법인을 설립하기 위해서는 출연한 기본재산은 재단법인의 실체를 이루고 이것은 정관의 필요적 기재사항이다. 따라서 기본재산을 처분하거나 추가하는 것은 정관의 변경사항이 된다. 기존의 기본재산을 처분하는 행위는 물론 새로이 기본재산으로 편입하는 행위도 주무관청의 허가가 있어야만 유효하다(판례). 기본재산에 저당권을 설정하는 것은 정관변경사항이 아니다(대결 2017마1565).

VII. 법인의 소멸

1. 의의

법인의 소멸이란 법인이 권리능력을 상실하는 것을 말하며 자연인의 사망에 해당한다. 그런데 법인은 자연인과 같은 상속제도가 없으므로 법인의 소멸은 일정한 절차를 거쳐 단계적으로 이루어진다. 우선 해산(解散)에 의해 법인의 본래의 활동을 정지하고 재산을 정리하는 청산(淸算)의 단계로 들어간다. 해산 후 청산종결 시까지 법인은 제한된 범위 내에서 권리능력을 가지는데, 이를 청산법인이라고 한다. 청산이 종결한 때 법인은 소멸한다.

2. 법인의 해산

(1) 해산의 의의

법인의 해산이란 법인이 본래의 목적을 달성하기 위한 적극적인 활동을 정지하고 청산절차에 들어가는 것을 말한다.

(2) 해산사유

> 제77조【해산사유】① 법인은 존립기간의 만료, 법인의 목적의 달성 또는 달성의 불능 기타 정관에 정한 해산사유의 발생, 파산 또는 설립허가의 취소로 해산한다.
> ② 사단법인은 사원이 없게 되거나 총회의 결의로도 해산한다.
> 제78조【사단법인의 해산결의】사단법인은 총 사원 4분의 3 이상의 동의가 없으면 해산을 결의하지 못한다. 그러나 정관에 다른 규정이 있는 때에는 그 규정에 의한다.
> 제79조【파산신청】법인이 채무를 완제하지 못하게 된 때에는 이사는 지체 없이 파산신청을 하여야 한다.
> 제38조【법인의 설립허가의 취소】법인이 목적 이외의 사업을 하거나 설립허가의 조건에 위반하거나 기타 공익을 해하는 행위를 한 때에는 주무관청은 그 허가를 취소할 수 있다.

3. 법인의 청산

(1) 청산의 의의

① 청산이란 해산한 법인이 잔무를 처리하고, 재산을 정리하여 완전히 소멸할 때까지의 절차를 말한다.
② 청산법인은 해산 전의 법인과 동일성을 유지하므로 사원총회, 감사 등의 기관은 존속하고 이사는 청산인이 된다.
③ 청산은 파산으로 해산한 경우에는 채무자의 회생 및 파산에 관한 법률이 정하는 절차에 의하고, 기타 원인으로 해산한 경우에는 민법이 규정하는 절차에 의한다. 청산절차에 관한 규정은 제3자의 이해관계에 중대한 영향을 미치기 때문에 강행규정이다.

(2) 청산법인의 능력

> 제81조【청산법인】해산한 법인은 청산의 목적범위 내에서만 권리가 있고 의무를 부담한다.

① 청산법인은 청산의 목적범위 내에서만 권리를 가지고 의무를 부담한다.
② 민법상의 청산절차에 관한 규정은 모두 제3자의 이해관계에 중대한 영향을 미치기 때문에 이른바 강행규정이라고 해석되므로 이에 반하는 잔여재산의 처분행위는 특단의 사정이 없는 한 무효라고 보아야 한다. 이사 전원의 의결에 의하여 잔여재산을 처분하도록 한 정관 규정은 성질상 등기하여야만 제3자에게 대항할 수 있는 청산인의 대표권에 관한 제한이라고 볼 수 없다(대판 94다13473).
③ 청산종결등기가 경료된 경우에도 청산사무가 종료되었다 할 수 없는 경우에는 청산법인으로 존속한다(대판 79다2036).
④ 회사가 부채과다로 사실상 파산지경에 있어 업무도 수행하지 아니하고 대표이사나 그 외의 이사도 없는 상태에 있다고 하여도 적법한 해산절차를 거쳐 청산을 종결하기까지는 법인의 권리능력이 소멸한 것으로 볼 수 없다(대판 84다카1954).

(3) 청산인

> 제82조【청산인】법인이 해산한 때에는 파산의 경우를 제하고는 이사가 청산인이 된다. 그러나 정관 또는 총회의 결의로 달리 정한 바가 있으면 그에 의한다.
>
> 제83조【법원에 의한 청산인의 선임】전조의 규정에 의하여 청산인이 될 자가 없거나 청산인의 결원으로 인하여 손해가 생길 염려가 있는 때에는 법원은 직권 또는 이해관계인이나 검사의 청구에 의하여 청산인을 선임할 수 있다.
>
> 제84조【법원에 의한 청산인의 해임】중요한 사유가 있는 때에는 법원은 직권 또는 이해관계인이나 검사의 청구에 의하여 청산인을 해임할 수 있다.

(4) 청산사무

> 제85조【해산등기】① 청산인은 법인이 파산으로 해산한 경우가 아니면 취임 후 3주일 내에 다음 각 호의 사항을 주사무소 소재지에서 등기하여야 한다.
> 1. 해산 사유와 해산 연월일
> 2. 청산인의 성명과 주소
> 3. 청산인의 대표권을 제한한 경우에는 그 제한
> ② 제1항의 등기에 관하여는 제52조를 준용한다.
>
> 제86조【해산신고】① 청산인은 파산의 경우를 제하고는 그 취임 후 3주간 내에 전조 제1항의 사항을 주무관청에 신고하여야 한다.
> ② 청산 중에 취임한 청산인은 그 성명 및 주소를 신고하면 된다.
>
> 제87조【청산인의 직무】① 청산인의 직무는 다음과 같다.
> 1. 현존사무의 종결
> 2. 채권의 추심 및 채무의 변제
> 3. 잔여재산의 인도
> ② 청산인은 전항의 직무를 행하기 위하여 필요한 모든 행위를 할 수 있다.
>
> 제88조【채권신고의 공고】① 청산인은 취임한 날로부터 2월 내에 3회 이상의 공고로 채권자에 대하여 일정한 기간 내에 그 채권을 신고할 것을 최고하여야 한다. 그 기간은 2월 이상이어야 한다.
> ② 전항의 공고에는 채권자가 기간 내에 신고하지 아니하면 청산으로부터 제외될 것을 표시하여야 한다.
> ③ 제1항의 공고는 법원의 등기사항의 공고와 동일한 방법으로 하여야 한다.
>
> 제89조【채권신고의 최고】청산인은 알고 있는 채권자에게 대하여는 각각 그 채권신고를 최고하여야 한다. 알고 있는 채권자는 청산으로부터 제외하지 못한다.
>
> 제90조【채권신고기간 내의 변제금지】청산인은 제88조 제1항의 채권신고기간 내에는 채권자에 대하여 변제하지 못한다. 그러나 법인은 채권자에 대한 지연손해배상의 의무를 면하지 못한다.
>
> 제91조【채권변제의 특례】① 청산 중의 법인은 변제기에 이르지 아니한 채권에 대하여도 변제할 수 있다.
> ② 전항의 경우에는 조건 있는 채권, 존속기간의 불확정한 채권 기타 가액의 불확정한 채권에 관하여는 법원이 선임한 감정인의 평가에 의하여 변제하여야 한다.

제92조【청산으로부터 제외된 채권】 청산으로부터 제외된 채권자는 법인의 채무를 완제한 후 귀속권리자에게 인도하지 아니한 재산에 대하여서만 변제를 청구할 수 있다.

제93조【청산중의 파산】 ① 청산 중 법인의 재산이 그 채무를 완제하기에 부족한 것이 분명하게 된 때에는 청산인은 지체 없이 파산선고를 신청하고 이를 공고하여야 한다.
② 청산인은 파산관재인에게 그 사무를 인계함으로써 그 임무가 종료한다.
③ 제88조 제3항의 규정은 제1항의 공고에 준용한다.

제94조【청산종결의 등기와 신고】 청산이 종결한 때에는 청산인은 3주간 내에 이를 등기하고 주무관청에 신고하여야 한다.

제95조【해산, 청산의 검사, 감독】 법인의 해산 및 청산은 법원이 검사, 감독한다.

판례

청산종결등기가 경료된 경우에도 청산사무가 종료되었다 할 수 없는 경우에는 청산법인으로 존속한다(대판 79다2036).

Ⅷ. 권리능력 없는 사단과 재단

구분	사단법인	비법인 사단	조합
단체성	강함(조직과 기관 ○)	강함(조직과 기관 ○)	약함(조직과 기관 ×)
규율	정관	정관 기타 규약	계약
권리능력	○	×	×
소송, 등기 당사자능력, 불법행위능력	○	○	×
소유형태	법인 단독소유	사원들의 총유	조합원들의 합유

1. 권리능력 없는 사단

(1) 의의

① 권리능력 없는 사단(법인격 없는 사단·비법인사단)이란 법인이 되는 실체는 갖추고 있으나 법인설립의 등기를 하지 않은 사단이다. 권리능력 없는 사단에 대하여는 사단법인에 관한 규정 중에서 법인격을 전제로 하는 것을 제외하고는 이를 유추적용한다.

② **조합과 비법인 사단의 구별**: 민법상의 조합과 비법인사단을 구별함에 있어서는 일반적으로 그 단체성의 강약을 기준으로 판단하여야 하는바, 조합은 2인 이상이 상호 간에 금전 기타 재산 또는 노무를 출자하여 공동사업을 경영할 것을 약정하는 계약관계에 의하여 성립하므로 어느 정도 단체성에서 오는 제약을 받게 되는 것이지만 구성원의 개인성이 강하게 드러나는 인적 결합체인 데 비하여 비법인사단은 구성원의 개인성과는 별개로 권리·의무의 주체가 될 수 있는 독자적 존재로서의 단체적 조직을 가지는 특성이 있다(대판 99다4504).

③ 권리능력 없는 사단의 예: 종중, 교회, 어촌계, 동(洞)·리(里)나 자연부락, 아파트부녀회, 아파트 입주자대표회의, 구 주택건설촉진법에 의한 주택조합 또는 재건축조합 등이 비법인사단이다.

(2) 법적 지위

① 사단법인에 관한 규정의 유추적용

유추적용 긍정	권리능력, 행위능력, 대표기관의 권한, 대표기관의 불법행위에 대한 사단의 배상책임, 사원권의 양도, 상속금지 등
유추적용 부정	이사의 대표권 제한

② 소송상 당사자 능력 및 등기의 당사자능력 인정

③ 법인이 아닌 사단의 사원이 집합체로서 물건을 소유할 때에는 총유로 한다(제275조 제1항). 총유물의 관리 및 처분은 사원총회의 결의에 의한다(제276조 제1항). 총회의 결의없이 처분한 행위는 무효이다. 따라서 총유물에 대한 처분행위에 관하여 제126조의 표현대리 규정은 준용되지 않는다(대판 2001다73626).

판례

1. [1] 비법인사단이 타인 간의 금전채무를 보증하는 행위는 총유물 그 자체의 관리·처분이 따르지 아니하는 단순한 채무부담행위에 불과하여 이를 총유물의 관리·처분행위라고 볼 수는 없다.
   [2] 따라서 비법인사단인 재건축조합의 조합장이 채무보증계약을 체결하면서 조합규약에서 정한 조합임원회의 결의를 거치지 아니하였다거나 조합원총회 결의를 거치지 않았다고 하더라도 그것만으로 바로 그 보증계약이 무효라고 할 수는 없다. 다만, 이와 같은 경우에 조합 임원회의의 결의 등을 거치도록 한 조합규약은 조합장의 대표권을 제한하는 규정에 해당하는 것이므로, 거래 상대방이 그와 같은 대표권 제한 및 그 위반 사실을 알았거나 과실로 인하여 이를 알지 못한 때에는 그 거래행위가 무효로 된다고 봄이 상당하며, 이 경우 그 거래 상대방이 대표권 제한 및 그 위반 사실을 알았거나 알지 못한 데에 과실이 있다는 사정은 그 거래의 무효를 주장하는 측이 이를 주장·입증하여야 한다(대판 2004다60072·60089 전합).

2. 법인 아닌 사단의 구성원 개인이 총유재산의 보존을 위한 소를 제기할 수 있는지 여부
   [1] 민법 제276조 제1항은 "총유물의 관리 및 처분은 사원총회의 결의에 의한다.", 같은 조 제2항은 "각 사원은 정관 기타의 규약에 좇아 총유물을 사용·수익할 수 있다."라고 규정하고 있을 뿐 공유나 합유의 경우처럼 보존행위는 그 구성원 각자가 할 수 있다는 민법 제265조 단서 또는 민법 제272조 단서와 같은 규정을 두고 있지 아니한 바, 이는 법인 아닌 사단의 소유형태인 총유가 공유나 합유에 비하여 단체성이 강하고 구성원 개인들의 총유재산에 대한 지분권이 인정되지 아니하는 데에서 나온 당연한 귀결이라고 할 것이다.
   [2] 따라서 총유재산에 관한 소송은 법인 아닌 사단이 그 명의로 사원총회의 결의를 거쳐 하거나 또는 그 구성원 전원이 당사자가 되어 필수적 공동소송의 형태로 할 수 있을 뿐 그 사단의 구성원은 설령 그가 사단의 대표자라거나 사원총회의 결의를 거쳤다 하더라도 그 소송의 당사자가 될 수 없고, 이러한 법리는 총유재산의 보존행위로서 소를 제기하는 경우에도 마찬가지라 할 것이다(대판 2004다44971 전합).

(3) 종중

① 의의: 종중은 공동선조의 분묘수호와 제사 및 후손 상호 간의 친목 등을 목적으로 하여 구성되는 자연발생적인 종족집단이다.

② 성립: 성립을 위하여 특별한 조직행위(설립행위)를 필요로 하는 것이 아니고, 다만 그 목적인 공동선조의 분묘수호, 제사봉행, 종원 상호 간의 친목을 규율하기 위하여 규약을 정하는 경우가 있고, 또 대외적인 행위를 할 때에는 대표자를 정할 필요가 있는 것에 지나지 아니하며, 반드시 특별한 명칭의 사용 및 서면화된 종중규약이 있어야 하거나 종중의 대표자가 선임되어 있는 등 조직을 갖추어야 성립하는 것은 아니다. 종중의 목적과 본질에 비추어 볼 때 공동선조와 성과 본을 같이 하는 후손은 성별의 구별 없이 성년이 되면 당연히 그 구성원이 된다.

③ 종원: 종중이 성립된 후에 정관 등 종중규약을 작성하면서 일부 종원의 자격을 임의로 제한하거나 확장한 종중규약은 종중의 본질에 반하는 것으로서 무효이다. 또한 특정지역 내에 거주하는 일부 종중원에 한하여 의결권을 주고 그 밖의 지역에 거주하는 종중원의 의결권을 박탈할 개연성이 많은 종중규약은 종중의 본질에 반하여 무효이다.

④ 종중재산: 종중 소유의 재산은 종중원의 총유에 속하는 것이므로 그 관리 및 처분에 관하여 먼저 종중규약에 정하는 바가 있으면 이에 따라야 하고, 그 점에 관한 종중규약이 없으면 종중총회의 결의에 의하여야 하므로 비록 종중 대표자에 의한 종중 재산의 처분이라고 하더라도 그러한 절차를 거치지 아니한 채 한 행위는 무효이다.

(4) 교회

교회에 있어서 교인들의 헌금 기타 교회의 수입으로 이루어진 재산은 특별한 사유가 없는 한 그 교회 소속교인들의 총유에 속한다(판례).

판례

[1] 우리 민법이 사단법인에 있어서 구성원의 탈퇴나 해산은 인정하지만 사단법인의 구성원들이 2개의 법인으로 나뉘어 각각 독립한 법인으로 존속하면서 종전 사단법인에 귀속되었던 재산을 소유하는 방식의 사단법인의 분열은 인정하지 아니한다. 그 법리는 법인 아닌 사단에 대하여도 동일하게 적용되며, <u>법인 아닌 사단의 구성원들의 집단적 탈퇴로써 사단이 2개로 분열되고 분열되기 전 사단의 재산이 분열된 각 사단들의 구성원들에게 각각 총유적으로 귀속되는 결과를 초래하는 형태의 법인 아닌 사단의 분열은 허용되지 않는다.</u> 따라서 교인들은 교회 재산을 총유의 형태로 소유하면서 사용·수익할 것인데, 일부 교인들이 교회를 탈퇴하여 그 교회 교인으로서의 지위를 상실하게 되면 탈퇴가 개별적인 것이든 집단적인 것이든 이와 더불어 종전 교회의 총유 재산의 관리처분에 관한 의결에 참가할 수 있는 지위나 그 재산에 대한 사용·수익권을 상실하고, 종전 교회는 잔존 교인들을 구성원으로 하여 실체의 동일성을 유지하면서 존속하며 종전 교회의 재산은 그 교회에 소속된 잔존 교인들의 총유로 귀속됨이 원칙이다.

[2] 소속 교단에서의 탈퇴 내지 소속 교단의 변경은 사단법인 정관변경에 준하여 의결권을 가진 교인 2/3 이상의 찬성에 의한 결의를 필요로 하고, 그 결의요건을 갖추어 소속 교단을 탈퇴하거나 다른 교단으로 변경한 경우에 종전 교회의 실체는 이와 같이 교단을 탈퇴한 교회로서 존속하고 종전 교회 재산은 위 탈퇴한 교회 소속 교인들의 총유로 귀속된다(대판 2004다37775 전합).

2. 권리능력 없는 재단

권리능력 없는 재단이란 재단법인의 실체가 되는 재단으로서의 실질을 가지면서 주무관청의 허가를 받지 않거나 설립등기를 하지 않아 법인격을 취득하지 못한 재단을 말한다.

판례

> 종래부터 존재하여 오던 사찰의 재산을 기초로 (구)불교재산관리법(1987.11.28. 법률 제3974호 전통사찰보존법 시행으로 폐지)에 따라 불교단체등록을 한 사찰은 권리능력 없는 재단으로서의 성격을 가지고 있다고 볼 것이므로, 비록 그 신도들이 그 사찰의 재산을 조성하는 데 공헌을 하였다 할지라도 그 사찰의 재산은 신도와 승려의 총유에 속하는 것이 아니라 권리능력 없는 사찰 자체에 속한다(대판 93다43545).

해커스행정사
adm.Hackers.com

제4장

권리의 객체 - 물건

제4장 권리의 객체 - 물건

제1절 | 물건

> 제98조【물건의 정의】본법에서 물건이라 함은 유체물 및 전기 기타 관리할 수 있는 자연력을 말한다.

1. 물건의 요건

물건이라 함은 유체물 및 전기 기타 관리할 수 있는 자연력을 말한다.

판례

[1] 제사주재자는 우선적으로 망인의 공동상속인들 사이의 협의에 의해 정하되, 협의가 이루어지지 않는 경우에는 제사주재자의 지위를 유지할 수 없는 특별한 사정이 있지 않은 한 망인의 장남(장남이 이미 사망한 경우에는 장남의 아들, 즉 장손자)이 제사주재자가 되고, 공동상속들 중 아들이 없는 경우에는 망인의 장녀가 제사주재자가 된다.
[2] 사람의 유체·유골은 매장·관리·제사·공양의 대상이 될 수 있는 유체물로서, 분묘에 안치되어 있는 선조의 유체·유골은 민법 제1008조의3 소정의 제사용 재산인 분묘와 함께 그 제사주재자에게 승계되고, 피상속인 자신의 유체·유골 역시 위 제사용 재산에 준하여 그 제사주재자에게 승계된다.
[3] 피상속인이 생전행위 또는 유언으로 자신의 유체·유골을 처분하거나 매장장소를 지정한 경우에, 선량한 풍속 기타 사회질서에 반하지 않는 이상 그 의사는 존중되어야 하고 이는 제사주재자로서도 마찬가지이지만, 피상속인의 의사를 존중해야 하는 의무는 도의적인 것에 그치고, 제사주재자가 무조건 이에 구속되어야 하는 법률적 의무까지 부담한다고 볼 수는 없다(대판 2007다27670 전합).

2. 물건의 분류

총칙 규정상 물건의 분류는 부동산과 동산(제99조), 주물과 종물(제100조), 원물과 과실(제101조~제102조)로 나눈다. 이하에서는 강학상 물건의 분류를 설명한다.

(1) 단일물

형체상 단일한 일체를 이루고, 각 구성부분이 개성을 잃고 있는 물건

(2) 합성물

여러 개의 물건이 각각 개성을 잃지 않고 결합하여 단일한 형체를 이루고 있는 물건(예 건물, 선박, 차량, 보석반지, 컴퓨터)

(3) 집합물

단일물 또는 합성물인 다수의 물건이 집합하여 경제적으로 단일한 가치를 가지며, 거래상으로도 일체로서 다루어지는 것(예 도서관의 장서, 공장의 시설이나 기계의 전부, 한 상점에 있는 상품 전체)

판례

1. 일단의 증감 변동하는 동산의 집합물에 대한 양도담보설정계약이 유효하기 위한 목적물의 특정방법 (대판 88다카20224)

   일반적으로 일단의 증감 변동하는 동산을 하나의 물건으로 보아 이를 채권담보의 목적으로 삼으려는 이른바 집합물에 대한 양도담보설정계약체결도 가능하며 이 경우 그 목적 동산이 담보설정자의 다른 물건과 구별될 수 있도록 그 종류, 장소 또는 수량지정 등의 방법에 의하여 특정되어 있으면 그 전부를 하나의 재산권으로 보아 이에 유효한 담보권의 설정이 된 것으로 볼 수 있다.

2. '유동집합물에 대한 양도담보계약'이 체결된 경우(대판 2004다22858)

   [1] 돈사에서 대량으로 사육되는 돼지를 집합물에 대한 양도담보의 목적물로 삼은 경우, 그 돼지는 번식, 사망, 판매, 구입 등의 요인에 의하여 증감 변동하기 마련이므로 양도담보권자가 그때마다 별도의 양도담보권설정계약을 맺거나 점유개정의 표시를 하지 않더라도 하나의 집합물로서 동일성을 잃지 아니한 채 양도담보권의 효력은 항상 현재의 집합물 위에 미치게 되고, 양도담보설정자로부터 위 목적물을 양수한 자가 이를 선의취득하지 못하였다면 위 양도담보권의 부담을 그대로 인수하게 된다.

   [2] 돈사에서 대량으로 사육되는 돼지를 집합물에 대한 양도담보의 목적물로 삼은 경우, 위 양도담보권의 효력은 양도담보설정자로부터 이를 양수한 양수인이 당초 양수한 돈사 내에 있던 돼지들 및 통상적인 양돈방식에 따라 그 돼지들을 사육·관리하면서 돼지를 출하하여 얻은 수익으로 새로 구입하거나 그 돼지와 교환한 돼지 또는 그 돼지로부터 출산시켜 얻은 새끼돼지에 한하여 미치는 것이지 양수인이 별도의 자금을 투입하여 반입한 돼지에까지는 미치지 않는다.

제2절 ▮ 부동산과 동산

> **제99조【부동산, 동산】** ① 토지 및 그 정착물은 부동산이다.
> ② 부동산 이외의 물건은 동산이다.

1. 부동산

(1) 토지

① 토지란 일정 범위의 지면과 정당한 이익이 있는 범위 내에서의 그 지면의 상하를 포함한다(제212조).

② 토지의 구성부분(암석, 토사, 지하수)은 토지의 일부분이다. 따라서 온천수도 토지의 소유권이 미치며, 독립한 물권의 대상이 될 수 없다. 다만, 미채굴 광물은 토지소유권이 미치지 않으며 광업권의 대상이 된다.

③ 토지의 개수는 지적법(현 공간정보의 구축 및 관리 등에 관한 법률)에 의한 지적공부상의 토지의 필수를 표준으로 하여 결정되는 것으로서 1필지의 토지를 수필의 토지로 분할하여 등기하려면 지적법이 정하는 바에 따라 먼저 지적공부 소관청에 의하여 지적측량을 하고 그에 따라 필지마다 지번, 지목, 경계 또는 좌표와 면적이 정하여진 후 지적공부에 등록되는 등 분할의 절차를 밟아야 되고, 가사 등기부에만 분필의 등기가 이루어졌다고 하여도 이로써 분필의 효과가 발생할 수는 없다(대판 94다4615).

(2) 토지의 정착물

① **의의**: 토지의 정착물이란 토지에 고정적으로 부착되어 쉽게 이동할 수 없는 물건으로서, 그러한 상태로 사용되는 것이 그 물건의 거래상의 성질로 인정되는 것(예 건물, 수목, 교량, 돌담, 도로의 포장)을 말한다. 토지의 정착물에는 항상 토지와 별개의 독립된 부동산인 경우(예 건물)가 있고, 토지의 구성부분으로 취급되어 항상 일체처분되는 것(예 도로포장, 교량, 담장)이 있으며, 원래 토지의 일부이지만 일정한 공시방법을 갖추면 토지와 독립된 부동산으로 취급되는 것(예 입목법상 입목·수목, 미분리의 과실, 농작물)이 있다.

② **건물**: 건물은 토지로부터 완전히 독립한 별개의 부동산으로서 토지등기부와는 따로 건물등기부를 두고 있다. 건물의 개수는 토지와 달리 공부상의 등록에 의하여 결정되는 것이 아니라 사회통념 또는 거래관념에 따라 물리적 구조, 거래 또는 이용의 목적물로서 관찰한 건물의 상태 등 객관적 사정과 건축한 자 또는 소유자의 의사 등 주관적 사정을 참작하여 결정되는 것이다(대판 96다36517).

③ **수목**
  ㉠ 수목은 토지와 분리되면 동산으로 되지만, 토지로부터 분리되지 않은 상태에서는 원칙적으로 토지의 일부일 뿐이다. 그러나 두 가지 예외가 인정된다.
  ㉡ 입목에 관한 법률에 의하여 입목등기를 한 수목의 집단, 즉 '입목'은 토지로부터 독립한 부동산으로 다루어진다. 따라서 입목의 소유자는 입목을 토지와 분리하여 양도할 수 있고, 저당권의 목적으로 할 수 있다.
  ㉢ 입목에 관한 법률의 적용을 받지 않는 수목의 경우에는 관습법상의 명인방법이라는 공시방법을 갖춤으로써 토지와는 분리된 독립한 부동산으로 취급된다. 그러나 소유권의 객체가 될 뿐이고(양도담보는 허용됨), 다른 권리의 목적으로 하지는 못한다.
  ㉣ 타인의 토지상에 권원없이 식재한 수목의 소유권은 토지소유자에게 귀속되고 권원에 의하여 식재한 경우에는 그 소유권이 식재한 자에게 있다(대판 80도1874).

④ **미분리의 과실**: 미분리의 과실(예 과수의 열매, 뽕나무 잎, 엽연초)은 수목의 일부에 불과하나, 명인방법을 갖춘 때에는 독립한 물건으로서 거래의 목적으로 할 수 있다.

⑤ **농작물**: 토지에서 경작·재배되는 각종의 농작물(예 입도, 고추, 마늘, 양파)은 원래 토지의 일부이나, 판례는 아무런 권원 없이 타인의 토지에서 농작물을 경작·재배한 경우라 하더라도, 명인방법을 갖추지 않아도 그 농작물의 소유권은 언제나 경작자에게 있다고 한다.

2. 동산

(1) 동산의 의의
부동산 이외의 물건은 모두 동산이다.

(2) 특수한 동산으로서의 금전
금전은 동산이기는 하나, 보통 물건이 가지는 개성을 갖고 있지 않으며 일정액의 가치 그 자체이므로, 동산에 관한 규정 중 금전에 적용되지 않는 것이 많다. 예컨대 금전을 도난당한 경우에, 도난당한 특정 금전에 대한 물권적 청구권은 인정되지 아니하고 다만 부당이득반환청구권 또는 불법행위에 기한 손해배상청구권을 행사해야 한다.

제3절 ▎ 주물과 종물

> 제100조【주물, 종물】① 물건의 소유자가 그 물건의 상용에 공하기 위하여 자기소유인 다른 물건을 이에 부속하게 한 때에는 그 부속물은 종물이다.
> ② 종물은 주물의 처분에 따른다.

1. 의의
물건의 소유자가 그 물건의 상용에 공하기 위하여 자기소유인 다른 물건을 이에 부속하게 한 경우(배와 노, 자물쇠와 열쇠, 시계와 시계줄)에, 그 물건을 주물(主物)이라고 하고 주물에 부속된 다른 물건을 종물(從物)이라고 한다.

2. 종물의 요건

(1) 주물의 상용(常用)에 공할 것
'상용에 공한다'는 것은 종물은 주물의 통상적 사용에 이바지 하여야한다는 말이다. 그리고 주물 그 자체의 효용과 직접 관계가 없는 물건은 종물이 아니다. 따라서 책상, TV, 난로 등은 가옥의 종물이 아니다.

판례

1. 어느 건물이 주된 건물의 종물이기 위하여는 주된 건물의 경제적 효용을 보조하기 위하여 계속적으로 이바지되어야 하는 관계가 있어야 한다(대판 87다카600).
2. 횟집으로 사용할 점포건물에 거의 붙여서 횟감용 생선을 보관하기 위하여, 즉 위 점포건물의 상용에 공하기 위하여 <u>신축한 수족관건물은 위 점포건물의 종물</u>이라고 해석할 것이다(대판 92도3234).
3. 주유소의 주유기가 비록 독립된 물건이기는 하나 유류저장탱크에 연결되어 유류를 수요자에게 공급하는 기구로서 주유소영업을 위한 건물이 있는 토지의 지상에 설치되었고 그 주유기가 설치된 건물은 당초부터 주유소영업을 위한 건물로 건축되었다는 점 등을 종합하여 볼 때, 그 <u>주유기는 계속해서 주유소건물 자체의 경제적 효용을 다하게 하는 작용을 하고 있으므로 주유소건물의 상용에 공하기 위하여 부속시킨 종물이다</u>(대판 94다6345).

> 4. 백화점건물의 지하 2층 기계실에 설치되어 있는 전화교환설비가 건물의 원소유자가 설치한 부속시설이며, 위 건물은 당초부터 그러한 시설을 수용하는 구조로 건축되었고, 위 시설들은 볼트와 전선 등으로 위 건물에 고정되어 각 층 각 방실까지 이어지는 전선 등에 연결되어 있을 뿐이어서 과다한 비용을 들이지 않고도 분리할 수 있고, 분리하더라도 독립한 동산으로서의 가치를 지니며, 그 자리에 다른 것으로 대체할 수 있는 것이라면, 위 전화교환설비는 독립한 물건이기는 하나 그 용도, 설치된 위치와 그 위치에 해당하는 건물의 용도, 건물의 형태·목적·용도에 대한 관계를 종합하여 볼 때, 위 건물에 연결되거나 부착하는 방법으로 설치되어 위 건물인 10층 백화점의 효용과 기능을 다하기에 필요불가결한 시설물로서 위 건물의 상용에 제공된 종물이라 할 것이다(대판 92다43142).
> 5. 종물은 주물의 상용에 이바지하는 관계에 있어야 하고, 주물의 상용에 이바지한다 함은 주물 그 자체의 경제적 효용을 다하게 하는 것을 말하는 것으로서 주물의 소유자나 이용자의 상용에 공여되고 있더라도 주물 그 자체의 효용과 직접 관계가 없는 물건은 종물이 아니라고 할 것인바, 신 폐수처리시설과 구 폐수처리시설이 그 기능면에 있어서는 전체적으로 결합하여 유기적으로 작용함으로써 하나의 폐수처리장을 형성하고 그 기능을 수행한다 할 것이나, 신 폐수처리시설이 구 폐수처리시설 그 자체의 경제적 효용을 다하게 하는 시설이라고 할 수는 없을 것이므로 신 폐수처리시설이 구 폐수처리시설의 종물이라고 할 수 없다(대판 97다3750).

(2) 부속된 것일 것

종물은 주물에 부속된 것이어야 한다. 이는 주물과 종물은 장소적으로 밀접한 관계에 있어야 한다는 의미이다.

(3) 독립한 물건일 것

종물은 주물의 구성부분이 아니라 주물과는 독립한 물건이어야 한다.

(4) 주물과 종물의 소유자가 동일할 것

3. 종물의 효과

① 종물은 주물의 처분에 따른다(제100조 제2항).
  ㉠ 제100조 제2항은 임의규정이므로 당사자의 특약으로 종물만을 따로 처분할 수 있다(판례).
  ㉡ 제100조 제2항의 처분에는 소유권의 양도나 제한물권의 설정과 같은 물권적 처분뿐만 아니라 매매·임대차와 같은 채권적 처분도 포함한다.
  ㉢ 압류와 같은 공법상의 처분 등에 의하여 생긴 경우에도 적용된다.
② "종물은 주물의 처분에 따른다"는 규정에서의 처분은 점유 기타 사실관계에 기한 권리의 득실변경에 대해서는 적용되지 않는다. 주물 만에 대한 점유의 시효취득에 대해서는 점유를 하지 않는 종물에 대해서는 시효취득이 인정되지 않는다.

4. 종물이론의 유추적용

주물·종물의 이론은 원래 물건 상호 간의 관계에 관한 것이지만, 주된 권리와 종된 권리 상호 간에도 유추적용된다. 예컨대 건물이 양도되면 그 건물을 위한 지상권이나 대지의 임차권도 건물양수인에게 이전되고, 원본채권이 양도되면 이자채권도 이에 따른다. 다만 이미 변제기에 도달한 이자채권은 당연히 함께 양도되지는 않는다(대판 88다카12803).

제4절 ▎ 원물과 과실

> 제101조【천연과실, 법정과실】① 물건의 용법에 의하여 수취하는 산출물은 천연과실이다.
> ② 물건의 사용대가로 받는 금전 기타의 물건은 법정과실로 한다.
> 제102조【과실의 취득】① 천연과실은 그 원물로부터 분리하는 때에 이를 수취할 권리자에게 속한다.
> ② 법정과실은 수취할 권리의 존속기간일수의 비율로 취득한다.

1. 의의

과실 (물건에서 생기는 수익)	• 권리에 대한 과실(주식배당금 등) × • 노동의 대가인 임금 × • 지연이자 × • 국립공원 입장료 ×
천연과실	물건의 용법에 의하여 수취하는 산출물(열매, 새끼)
법정과실	물건의 사용대가로 받는 금전 기타의 물건(집세, 지료, 이자)

2. 천연과실

① 천연과실은 그 원물로부터 분리할 때 이를 수취할 권리자에게 속한다(제102조 제1항). 이는 임의규정으로, 당사자의 특약으로 달리 정할 수 있다.
② 과실수취권자는 원칙적으로 원물의 소유자(제211조)이지만, 예외적으로 선의의 점유자(제201조 제1항), 지상권자(제279조), 전세권자(제303조), 유치권자(제323조), 질권자(제343조), 저당부동산을 압류한 저당권자(제359조), 목적물 인도 전의 매도인(제587조), 사용차주(제609조), 임차인(제618조), 친권자(제923조), 수유자(제1079조), 양도담보설정자 등도 과실수취권을 갖는다.

판례

> 돼지를 양도담보의 목적물로 하여 소유권을 양도하되 점유개정의 방법으로 양도담보설정자가 계속하여 점유·관리하면서 무상으로 사용·수익하기로 약정한 경우, 양도담보 목적물로서 원물인 돼지가 출산한 새끼 돼지는 천연과실에 해당하고 그 천연과실의 수취권은 원물인 돼지의 사용·수익권을 가지는 양도담보설정자에게 귀속되므로, 다른 특별한 약정이 없는 한 천연과실인 새끼 돼지에 대하여는 양도담보의 효력이 미치지 않는다(대판 96다25463).

3. 법정과실

법정과실은 수취할 권리의 존속기간일수의 비율로 취득한다(제102조 제2항). 그러나 이 규정은 임의규정이므로 당사자가 다르게 약정할 수 있다.

해커스행정사
adm.Hackers.com

제5장

권리의 변동

제5장 권리의 변동

제1절 ▍ 서설

1. 권리변동의 모습

권리의 발생(취득)	원시취득	무주물선점(제252조), 유실물습득(제253조), 매장물발견(제254조), 시효취득(제245조), 선의취득(제249조), 첨부(제256조 이하), 신축건물	
	승계취득	이전적 승계	특정승계(매매, 교환 등)
			포괄승계(상속, 포괄유증, 회사합병)
		설정적 승계	
권리의 변경	주체의 변경	이전적 승계	
	내용의 변경	질적 변경	
		양적 변경	
	작용의 변경		
권리의 소멸	절대적 소멸		
	상대적 소멸		

2. 권리변동의 원인

(1) 법률요건(法律要件)

① 법률요건이란 법률효과를 발생하게 하는 원인 내지 법률관계변동의 원인을 말한다.

② 법률요건은 행위자가 원하는 대로 법률효과가 발생하는 '법률행위(계약 등)'와 법률의 규정에 의하여 법률효과가 발생하는 '법률규정(상속, 판결, 경매 등)'으로 나뉜다.

(2) 법률사실(法律事實)

① 의의: 법률요건을 구성하는 개개의 구체적 사실을 말한다.

> 청약 또는 승낙의 의사표시(법률사실) ➔ 매매계약(법률요건) ➔ 매매의 효과(법률효과)

② 법률사실의 분류

용태 - 사람의 정신작용 ○	의사표시		
		의사의 통지	각종 최고, 거절
	준법률행위	관념의 통지 (사실의 통지)	사원총회소집의 통지, 채무승인(제168조), 채권양도의 통지·승낙
		사실행위	선점(제252조), 유실물습득(제253조), 매장물발견(제254조), 가공(제259조)
사건(事件) - 사람의 정신작용 ×	사람의 출생·사망·실종, 시간·시효기간·제척기간의 경과 등		

제2절 ▎법률행위

Ⅰ. 법률행위 일반

1. 서설

(1) 의의

법률행위란 일정한 법률효과의 발생을 목적으로 하는 하나 또는 수개의 의사표시를 (필수)불가결의 요소로 하는 법률요건을 말한다. 법률행위는 법이 그 의사표시의 내용에 따라서 사법상의 효과를 발생시킨다는 점이 특징이다.

(2) 의사표시와의 관계

① 법률행위는 의사표시를 불가결의 요소로 하는 법률요건이므로 의사표시가 포함되지 않은 것은 법률행위가 아니다. 의사표시는 법률행위의 필수불가결한 요소이므로 의사표시에 관하여 무효로 하거나 취소할 수 있는 사정이 있는 경우에는 당연히 법률행위 전체에 영향을 미친다.

② 의사표시 자체가 곧 법률행위인 것은 아니다. 유언이나 취소와 같이 하나의 의사표시만으로 법률행위가 성립하는 경우도 있지만, 계약의 경우에는 청약이라는 의사표시와 승낙이라는 의사표시가 합치되어야 성립한다.

③ 의사표시는 법률행위의 필수불가결한 요소이지 유일한 요소인 것은 아니다. 즉, 법률행위는 경우에 따라 의사표시만으로 구성되어 있는 것은 아니고 관청의 행위(➔ 허가·신고수리)나 사실행위(➔ 요물계약에서 물건인도) 등 의사표시 외의 다른 요소를 구성요소로 하는 경우도 있다.

2. 법률행위의 종류

법률행위 종류(의사표시 기준)		
단독행위 (1개의 의사표시)	상대방 있는	채무면제 · 상계 · 동의 · 철회 · 취소 · 추인 · 해제 · 해지 · 시효이익의 포기 등
	상대방 없는	유언, 유증, 재단법인설립행위, 소유권의 포기 등
계약 (대립되는 2개 의사합치)		매매, 증여 등
합동행위 (같은 방향 2개 이상의 의사합치)		사단법인의 설립행위 등

3. 법률행위의 요건

(1) 성립요건

의의 및 입증책임	① 법률행위로 인정되기 위한 최소한의 형식적 요건 ② 성립주장자 입증책임
일반 성립요건	① 당사자, ② 법률행위의 내용(목적), ③ 의사표시
특별 성립요건	① 법인설립에 있어서 등기, ② 혼인에 있어서 신고 등

(2) 법률행위의 효력(유효)요건

의의 및 입증책임	① 형식적 요건을 갖춘 행위가 법률상 실질적 유효하기 위한 요건 ② 무효주장자 부존재 입증책임
일반 효력요건	① 당사자 – 권리능력, 의사능력, 행위능력 ② 법률행위의 내용(목적) – 확정, 실현가능, 적법, 사회적 타당성 ③ 의사표시 – 의사와 표시 일치, 하자없는 의사표시
특별 효력요건	① 대리행위에 있어서 대리권의 존재 ② 토지거래허가제에 있어서 주무관청의 허가 ③ 정지조건부 법률행위에 있어서 조건의 성취 등 (TIP) 농지취득자격증명은 농지취득의 원인이 되는 법률행위(매매 등)의 효력을 발생시키는 요건은 아니다(대판 97다49251).

Ⅱ. 법률행위의 목적

1. 서설

법률행위의 목적(내용)은 확정할 수 있어야 하고, 실현가능하여야 하며, 강행법규에 위반하지 않고, 사회적 타당성이 있어야 한다. 이 요건을 갖추지 못한 경우에는 절대적 무효이므로 선의의 제3자에게도 대항할 수 있다.

2. 목적의 확정성

① 법률행위의 목적은 법률행위 당시에 확정되어 있거나 실현할 당시까지(이행기) 확정될 수 있으면 된다. 따라서 목적이 확정 또는 확정할 수 없으면 법률행위는 무효이다.
② 매매계약에 있어서 그 목적물과 대금은 반드시 계약체결 당시에 구체적으로 특정될 필요는 없고 이를 사후에라도 구체적으로 특정할 수 있는 방법과 기준이 정해져 있으면 족하다(대판 96다26176).

3. 목적의 가능성

(1) 의의

법률행위의 목적은 그 실현이 가능한 것이어야 한다. 법률행위 성립 당시에 그 목적이 실현할 수 없는 것이면 무효이다.

(2) 가능·불능의 판단기준

① 법률행위의 내용이 실현가능한가 여부는 절대적·물리적으로 불가능한 경우만이 아니라 사회생활상 경험칙이나 거래상의 관념에 비추어 볼 때 채권자가 채무자의 이행의 실현을 기대할 수 없는 경우도 포함한다. 이는 채무를 이행하는 행위가 법률로 금지되어 그 행위의 실현이 법률상 불가능한 경우에도 마찬가지이다(대판 2016다212524).
② 법률행위 목적의 불능 여부 판단 시기는 법률행위 성립 당시를 기준으로 판단한다. 따라서 법률행위 성립 당시에는 가능했으나 이후에 불능으로 된 것은 법률행위의 불능에 속하지 않으며 그 행위 자체는 무효가 되지 않는다.

(3) 불능의 종류

① 원시적 불능과 후발적 불능
  ㉠ 원시적 불능: 원시적 불능의 경우에 그 법률행위는 무효이고, 계약체결상의 과실책임(제533조)이 문제될 수 있다.
  ㉡ 후발적 불능: 후발적 불능의 경우에는 법률행위 자체는 유효하고, 채무자의 귀책사유(고의 또는 과실) 유무에 따라 채무불이행(이행불능 제390조)이나 위험부담(제537조)의 문제가 발생한다.
② 전부불능과 일부불능
  ㉠ 전부불능: 법률행위 목적의 전부가 불능인 경우를 말한다. 일반적인 불능을 말할 때는 전부불능을 말한다.
  ㉡ 일부불능: 법률행위 목적의 일부만이 불능인 경우를 말한다. 원시적으로 일부불능인 경우에는 원칙적으로 전부불능으로 하고, 예외적으로 그 불능부분이 없더라도 법률행위를 하였으리라고 인정될 경우에는 나머지 부분은 유효이다(일부무효법리. 법 제137조 참조).

4. 목적의 적법성

> 제105조【임의규정】법률행위의 당사자가 법령 중의 선량한 풍속 기타 사회질서에 관계없는 규정과 다른 의사를 표시한 때에는 그 의사에 의한다.

(1) 의의
법규정 중에 강행규정에 위반하지 않아야 한다.

(2) 강행규정과 임의규정
① 강행규정
  ㉠ 당사자의 의사에 의하여 이를 배제하거나 변경할 수 없는 규정을 말한다.
  ㉡ 민법상 강행규정의 예로는 민법총칙상 권리능력·행위능력, 선량한 풍속 기타 사회질서에 관한 규정(제103조, 제104조) 등이 있고, 물권법은 물권법정주의에 의해 대부분의 규정이 강행규정이다.
② 임의규정: 당사자의 의사에 의하여 배제하거나 변경할 수 있는 규정을 말하며 법률행위가 이에 위반한다 할지라도 그 법률행위는 유효이며 적법하다.

(3) 효력규정과 단속규정
다수설은 강행규정을 다시 효력규정과 단속규정으로 나눈다.
① 효력규정: 효력규정이란 '규정에 위반하면 행정상의 제재는 물론 사법상의 효력도 무효가 되는 규정'을 말한다. 일반적으로 강행규정이란 이러한 효력규정을 의미한다.
② 단속규정: 단속규정이란 '일정한 행정목적을 달성하기 위하여 국가가 일정한 행위를 금지·제한하는 법규'를 말하며, 단속규정에 위반하는 경우 위반자는 일정한 처벌을 받으나 사법상의 효력은 유효하다.

단속 규정	1. 무허가음식점의 영업행위 2. (구)주택법 제39조 제1항의 전매금지규정(대판 2010다102991) 3. 중간생략등기를 금지하는 부동산등기특별조치법 제2조 제2항(대판 92다39112) 4. 개업공인중개사 등이 중개의뢰인과 직접 거래를 하는 행위를 금지하는 공인중개사법 제33조 제6호의 규정(대판 2016다259677)
효력 규정 (강행 규정)	1. 부동산중개수수료 약정 중 (구)부동산중개업법 및 동 시행규칙에 의한 한도를 초과하는 부분(대판 2005다32159 전합) 2. 공인중개사 자격이 없는 자가 중개사무소 개설등록을 하지 아니한 채 부동산중개업을 하면서 체결한 중개수수료 지급약정의 효력(무효)(대판 2008다75119) 3. (구)국토이용관리법상의 허가구역 내의 토지에 관하여 관청의 허가를 받을 것을 요구하는 국토의 계획 및 이용에 관한 법률규정(대판 97다33218) 4. 공익법인의 설립·운영에 관한 법률상 공익법인이 하는 기본재산의 처분에 주무관청의 허가를 요하는 규정 6. 부동산실명법에 위반한 명의신탁(부동산 실권리자명의등기에 관한 법률 제4조)(대판 2013다218156 전합)

(4) 강행법규(효력규정) 위반의 효과

① 무효
  ㉠ 강행규정(효력규정) 위반으로 인한 무효는 절대적 무효이므로 선의의 제3자에게 대항할 수 있고, 당사자는 원칙적으로 추인할 수도 없다.
  ㉡ 강행법규를 위반한 자가 스스로 강행규정에 위반된 계약의 성립을 부정하거나 무효를 주장하는 것이 신의칙에 위반된다고 볼 수는 없다(대판 2005다75729).
② 강행규정을 위반한 법률행위는 당사자의 주장이 없더라도 법원이 직권으로 판단할 수 있다(판례).
③ 부당이득반환청구 여부: 강행법규인 효력규정을 위반하면 그 법률행위는 무효가 되므로 그 법률행위에 따른 의무를 이행할 필요가 없다. 만일 이행을 하였다면 강행규정 위반으로 무효인 법률행위가 제103조에 위반되지 않는 한 그 급부한 것이 제746조 불법원인급여에 해당하지 아니하므로 반환청구를 할 수 있다(대판 99다70860).
④ 강행법규에 위반한 계약은 무효이므로 그 경우에 계약상대방이 선의·무과실이더라도 민법 제107조의 비진의표시의 법리 또는 표현대리 법리가 적용될 여지는 없다(대판 2013다49381).

5. 목적의 사회적 타당성

> 제103조【반사회질서의 법률행위】선량한 풍속 기타 사회질서에 위반한 사항을 내용으로 하는 법률행위는 무효로 한다.
> 제746조【불법원인급여】불법의 원인으로 인하여 재산을 급여하거나 노무를 제공한 때에는 그 이익의 반환을 청구하지 못한다. 그러나 그 불법원인이 수익자에게만 있는 때에는 그러하지 아니하다.

(1) 제103조의 의의 및 판단시기

① 법률행위의 목적이 개개의 강행법규에 위반하지 않더라도 '선량한 풍속 기타 사회질서에 위반하는 때, 즉 사회적 타당성이 없는 법률행위'는 무효로 한다. 즉, 제103조는 일반적·추상적 규정으로서 성격을 갖는다.
② 민법 제103조에서 정하는 '반사회질서의 법률행위'는 법률행위의 목적인 권리의무의 내용이 선량한 풍속 기타 사회질서에 위반되는 경우뿐만 아니라, 그 내용 자체는 반사회질서적인 것이 아니라고 하여도 법적으로 이를 강제하거나 법률행위에 사회질서의 근간에 반하는 조건 또는 금전적인 대가가 결부됨으로써 그 법률행위가 반사회질서적 성질을 띠게 되는 경우 및 표시되거나 상대방에게 알려진 법률행위의 동기가 반사회질서적인 경우를 포함한다(대판 2009다37251).

③ 어느 행위가 사회질서에 반하는지의 여부는 원칙적으로 '법률행위 당시'를 기준으로 한다. 따라서 매매계약체결 당시(법률행위 시)에 정당한 대가를 지급하고 목적물을 매수하는 계약을 체결하였다면 비록 그 후 목적물이 범죄행위로 취득된 것을 알게 되었다고 하더라도 특별한 사정이 없는 한 민법 제103조의 공서양속에 반하는 행위라고 단정할 수 없다(대판 2001다44987).

(2) 반사회질서 행위로서 무효인 경우

① 범죄행위를 내용으로 하는 계약이나 범죄를 하지 않을 것을 조건으로 대가적 급부를 제공하는 계약, 밀수를 위한 자금대차계약

② 경매나 입찰의 담합행위

③ 매도인의 배임행위에 매수인이 적극 가담하여 맺어진 부동산의 이중매매계약(어떤 자가 부동산을 타인에게 매도하였음을 알면서 그 자의 배임행위에 적극 가담하여 증여받은 경우에 수증행위도 사회질서에 반하여 무효이다)

④ 증인이 증언을 조건으로 소송의 일방 당사자로부터 통상적으로 용인할 수 있는 수준을 넘은 대가를 제공받기로 약정한 경우

⑤ 수사기관에서 참고인으로 진술하면서 자신이 잘 알지 못하는 내용에 대하여 허위의 진술을 하고 대가를 받기로 하는 약정

⑥ 변호사 아닌 자가 승소를 조건으로 그 대가로 소송당사자로부터 소송물의 일부를 양도받기로 하는 약정

⑦ 형사사건에 관한 변호사의 성공보수약정. 다만, 민사소송에서의 성공보수약정은 반사회질서의 법률행위가 아니다.

⑧ 당초부터 오로지 보험사고를 가장하여 보험금을 취득할 목적으로 생명보험계약을 체결하는 경우 또는 보험계약자가 다수의 보험계약을 통하여 보험금을 부정취득할 목적으로 보험계약을 체결한 경우

⑨ 금전소비대차계약 시 당사자 사이의 경제력 차이로 인하여 사회통념상 허용되는 한도를 초과하는 현저하게 고율의 이자약정

⑩ 위약벌의 약정이 그 의무의 강제에 의하여 얻어지는 채권자의 이익에 비하여 과도하게 무거운 경우

⑪ 첩계약은 처의 동의 여부에 상관없이 무효이고, 부첩관계의 종료를 해제조건으로 하는 증여계약은 그 조건만이 무효인 것이 아니라 증여계약 자체가 무효이다.

⑫ 도박자금을 대여하는 행위, 도박채무를 변제하기로 하는 약정이나 도박채무의 변제방법으로 토지를 양도하는 행위

⑬ 어떠한 일이 있어도 이혼하지 아니하겠다는 각서를 써 주었다 하더라도 그와 같은 의사표시는 신분행위의 의사결정을 구속하는 것으로서 공서양속에 위배하여 무효이다(대판 69므18).

(3) 반사회질서 행위가 아닌 경우

① 양도소득세의 일부를 회피할 목적으로 매매계약서에 낮은 금액을 매매대금으로 기재하였다 하여, 사회질서에 반하는 법률행위로서 무효로 된다고 할 수는 없다(대판 2007다3285).

② 반사회적 행위에 의하여 조성된 재산인 이른바 비자금을 소극적으로 은닉하기 위하여 임치한 것은 사회질서에 반하는 법률행위로 볼 수 없다(대판 2000다49343).

③ 강제집행을 면할 목적으로 부동산에 허위의 근저당권설정등기를 경료하는 행위는 사회질서에 위반한 사항을 내용으로 하는 법률행위로 볼 수 없다(대판 2003다70041).

④ 부첩관계를 해소하기로 하면서 첩(위자료)과 두 딸(양육비)의 장래의 생활대책을 마련해 주기 위해 금전의 지급을 약정하는 것은 공서양속에 반한다고 할 수 없다(대판 80다458).

⑤ 부정행위를 용서받는 대가로 처에게 부동산을 양도하되, 부부관계가 유지되는 동안에는 처가 임의로 처분할 수 없다는 제한을 붙인 약정은 유효하다(대판 92므204).

⑥ 강박행위의 주체가 국가공권력이고 공권력행사의 내용이 기본권을 침해하는 것이라고 하여 그 강박에 의한 의사표시가 항상 반사회성을 띠게 되어 당연히 무효로 된다고는 볼 수 없다(대판 95다40038).

⑦ 부동산실명법을 위반하여 무효인 명의신탁약정에 따라 명의수탁자 명의로 등기를 하였다는 이유만으로 그것이 당연히 불법원인급여에 해당한다고 단정할 수는 없다(대판 2013다218156 전합).

⑧ 전임, 후임의 주지가 전통사찰의 주지직을 거액의 금품을 대가로 양도, 양수하는 계약은 선량한 풍속 기타 사회질서에 반하는 행위로서 무효라고 보아야 할 것이다. 그러나 종교법인이 위와 같은 약정이 있음을 알고 이를 묵인하거나 혹은 방조한 상태에서 원고를 주지로 임명하였다고 하더라도 그 임명행위 자체가 선량한 풍속 기타 사회질서에 반한다고 할 수는 없다(대판 99다38613).

⑨ 해외파견된 근로자가 귀국일로부터 일정기간 소속회사에 근무하여야 한다는 사규나 약정은 민법 제103조 또는 제104조에 위반된다고 할 수 없고, 일정기간 근무하지 않으면 해외파견 소요경비를 배상한다는 사규나 약정은 근로계약기간이 아니라 경비반환채무의 면제기간을 정한 것이므로 근로기준법 제21조에 위배하는 것도 아니다(대판 82다카90).

(4) 반사회질서 법률행위의 효과

① 무효

㉠ 사회질서에 반하는 법률행위는 무효이다. 이 무효는 절대적이므로 제3자에 대해서도 선의·악의를 불문하고 무효를 주장할 수 있고, 당사자는 무효행위 추인의 법리에 의하여 추인할 수 없다.

㉡ 선량한 풍속 기타 사회질서에 위반한 사항을 내용으로 하는 법률행위의 무효는 이를 주장할 이익이 있는 자는 누구든지 무효를 주장할 수 있다.

② 부당이득반환청구 여부: 사회질서에 반하는 법률행위는 무효이므로 이행 전 채무는 이행할 필요가 없다. 이행 후에는 부당이득반환이 문제되는데 판례는 반사회적행위에 해당하는 것을 제746조의 '불법'의 의미로 본다. 따라서 사회질서에 반하는 법률행위는 무효이더라도 제746조의 불법원인급여가 되어 급여자는 부당이득을 원인으로 반환을 청구할 수 없고(제746조 본문), 급여한 물건의 소유권이 여전히 자기에게 있다고 하여 소유권에 기한 반환청구도 할 수 없다.

6. 불공정한 법률행위(제104조)

> **제104조【불공정한 법률행위】** 당사자의 궁박, 경솔 또는 무경험으로 인하여 현저하게 공정을 잃은 법률행위는 무효로 한다.

(1) 서설
① 의의: 불공정한 법률행위란 '상대방의 궁박, 경솔 또는 무경험을 이용하여 자기의 급부에 비하여 현저히 균형을 잃은 반대급부를 하게 하여 부당하게 재산상의 이득을 취득하는 법률행위'를 말하며, 폭리행위(暴利行爲)라고도 한다.
② 제103조와의 관계: 제104조의 불공정한 법률행위는 제103조의 예시규정에 해당한다. 따라서 비록 제104조의 요건을 완전히 갖추고 있지 못한 경우에도 그 행위는 제103조에 의해 반사회적 행위로서 무효가 될 수 있다(대판 99다56833).

(2) 불공정한 법률행위의 요건
① 피해자의 궁박·경솔 또는 무경험이 있을 것
  ㉠ '궁박'은 경제적 궁박뿐만 아니라 정신적·심리적 궁박상태를 포함하고, '무경험'이라 함은 일반적인 생활체험의 부족을 의미하는 것으로서 어느 특정영역에 있어서의 경험부족이 아니라 거래일반에 대한 경험부족을 뜻하며, 궁박·경솔 또는 무경험은 모두 구비하여야 하는 것이 아니고 그중 어느 하나만 갖추어져도 충분하다.
  ㉡ 대리인이 법률행위를 한 경우 궁박은 본인을 기준으로 판단하고, 경솔·무경험은 대리인을 기준으로 판단하여야 한다(대판 71다2255).
② 폭리자의 악의(이용의사)가 있을 것: 폭리자에게 피해자측의 궁박·경솔 또는 무경험의 상태에 있는 사정을 알면서 이를 이용하려는 의사, 즉 폭리행위의 악의가 없었다면 불공정한 법률행위는 성립하지 않는다(대판 95다1460).
③ 급부와 반대급부 사이의 현저한 불균형이 있을 것
  ㉠ 현저히 공정을 잃은 법률행위란 자기의 급부에 비해 현저하게 균형을 잃은 반대급부를 하게 하여 부당한 재산적 이익을 얻는 행위를 말한다.

ⓒ 급부와 반대급부 사이의 '현저한 불균형'은 단순히 시가와의 차액 또는 시가와의 배율로 판단할 수 있는 것은 아니고, 구체적·개별적 사안에 있어서 일반인의 사회통념에 따라 결정하여야 한다. 그 판단에 있어서는 피해자의 궁박·경솔·무경험의 정도를 고려하여 당사자의 주관적 가치가 아닌 거래상의 객관적 가치에 의하여야 한다(대판 2009다50308).

ⓒ 불균형 여부의 판단 시기는 '법률행위 시(계약체결 당시)'를 기준으로 한다. 따라서 계약 체결 이후에 외부적 환경의 급격한 변화에 따라 계약당사자 일방에게 큰 손실이 발생하고 상대방에게는 그에 상응하는 큰 이익이 발생할 수 있는 구조라고 하여 그 계약이 당연히 불공정한 계약에 해당한다고 말할 수 없다.

④ 입증책임

㉠ 불공정한 법률행위로서 매매계약의 무효를 주장하려면 무효를 주장하는 자가 모든 요건을 주장·입증해야 한다(대판 70다2065).

ⓒ 따라서 급부와 반대급부간의 현저한 불균형(객관적 요건)이 있다 하여 궁박·경솔 또는 무경험(주관적 요건)이 추정되지는 않는다(대판 76다2179).

(3) 효과

① 무효

㉠ 불공정한 법률행위는 절대적 무효이므로 선의의 제3자에게도 대항할 수 있고, 추인에 의해 무효인 법률행위가 유효로 될 수 없다(대판 94다10900).

ⓒ 매매계약이 '불공정한 법률행위'에 해당하여 무효인 경우에도 무효행위의 전환에 관한 민법 제138조가 적용될 수 있다. 따라서 당사자 쌍방이 매매계약이 불공정한 행위로 무효임을 알았더라면 대금을 다른 액으로 정하여 매매계약에 합의하였을 것이라고 예외적으로 인정되는 경우에는, 그 대금액을 내용으로 하는 매매계약이 유효하게 성립한다(대판 2009다50308).

② 부당이득반환 여부

㉠ 불공정한 법률행위는 무효이므로 이행 전이라면 이행할 필요가 없다.

ⓒ 이미 이행하였다면 불법원인은 폭리자 쪽에만 있으므로 불법원인급여에 관한 제746조 본문에 따라 폭리자는 급부의 반환을 청구할 수 없고 피해자는 제746조 단서에 의해 급부의 반환을 청구할 수 있다.

(4) 적용범위

① **단독행위**: 불공정한 법률행위는 단독행위에도 적용된다. 즉, 경험부족의 가정부인이 경제적·정신적 궁박상태에서 구속된 남편을 석방·구제하기 위해 '채권을 포기하는 행위(단독행위)'를 한 경우 이는 불공정한 법률행위에 해당한다(대판 75다92).

② **무상행위**: 불공정한 법률행위가 성립하려면 급부와 반대급부 사이에 현저한 불균형이 있어야 하므로 기부행위, 증여계약과 같이 아무런 대가관계 없이 당사자 일방이 상대방에게 일방적인 급부를 하는 법률행위에는 제104조가 적용되지 않는다(대판 99다56833).

③ **경매**: 당사자의 의사에 의하지 않은 경매에 의한 재산권의 이전에는 민법 제104조는 적용될 여지가 없다(대판 80마77).

Ⅲ. 법률행위의 해석

1. 의의

법률행위의 해석이란 법률행위의 내용(목적)을 명확하게 확정하는 것을 말한다.

2. 법률행위 해석의 주체와 대상

(1) 주체

법률행위 해석의 주체는 궁극적으로 법원(판사)이다. 따라서 '매매계약서에 계약사항에 대한 이의가 생겼을 때에는 매도인의 해석에 따른다'는 조항은 법원의 법률행위 해석권을 구속하지 않는다(대판 74다1057).

(2) 해석의 대상

① 법률행위의 해석은 당사자의 내심적 의사여하에 관계없이 당사자가 그 표시행위에 부여한 객관적 의미를 합리적으로 해석하여야 한다.

② 의사표시의 해석에 있어서 당사자의 진정한 의사를 알 수 없다면, 당사자의 내심의 의사보다는 외부로 표시된 행위에 의하여 추단되는 의사, 즉 표시상의 효과의사를 가지고 해석함이 상당하다(대판 96다1320).

3. 법률행위 해석의 방법

(1) 자연적 해석

① **의의**: 법률행위의 해석에 있어서 표현의 문자적·언어적 의미에 구속되지 않고 표의자의 실제적인 의사, 즉 내심적 효과의사를 추구하는 것을 말한다.

② **적용범위**: 자연적 해석은 상대방 없는 단독행위나 본인의 의사가 절대적으로 존중되는 신분행위에서 주로 행해진다.

③ **오표시무해(誤表示無害)의 원칙**

㉠ 표의자 및 상대방이 의사표시를 잘못하였다 하여도 그 잘못된 표시의 진정한 의미를 인식할 수 있거나 이해한 때에는 법률행위는 표시된 대로 성립하는 것이 아니라 실제로 이해한 의미대로 성립한다는 원칙이다.

⓵ 부동산의 매매계약에 있어 쌍방 당사자가 모두 특정의 甲 토지를 계약의 목적물로 삼았으나 그 목적물의 지번 등에 관하여 착오를 일으켜 계약을 체결함에 있어서는 계약서상 그 목적물을 甲 토지와는 별개인 乙 토지로 표시하였다 하여도, 甲 토지에 관하여 이를 매매의 목적물로 한다는 쌍방 당사자의 의사합치가 있은 이상 그 매매계약은 甲 토지에 관하여 성립한 것으로 보아야 하고 乙 토지에 관하여 매매계약이 체결된 것으로 보아서는 안 될 것이며, 만일 乙 토지에 관하여 그 매매계약을 원인으로 하여 매수인 명의로 소유권이전등기가 경료되었다면 이는 원인 없이 경료된 것으로서 무효이다(대판 96다19581 · 19598).

(2) 규범적 해석

① **의의**: 내심적 효과의사와 표시행위가 일치하지 않는 경우에 상대방의 신뢰보호를 위해 상대방의 시각에서 표시행위에 따라 표시행위의 객관적 의미를 탐구하여 법률행위의 성립을 인정하는 해석을 말한다.

② **적용범위**: 상대방 있는 의사표시(계약이나 상대방 있는 단독행위)의 경우에 적용된다. 상대방 없는 단독행위나 상대방이 있어도 상대방이 표의자의 내심의 효과의사를 알고 있는 경우, 신분행위 등에는 적용되지 않는다.

③ **규범적 해석에 따른 판례**

⓵ 처분문서의 진정성립이 인정되는 이상 법원은 반증이 없는 한 그 문서기재내용에 따른 의사표시의 존재 및 내용을 인정하여야 하나, 처분문서라 할지라도 그 기재내용과 다른 특별한 명시적, 묵시적 약정이 있는 사실이 인정될 경우에는 그 기재내용과 다른 사실을 인정할 수도 있다(대판 85다카1046).

⓶ 임대인이 임대차계약서의 단서 조항에 '모든 권리금을 인정함'이라는 기재를 하였다고 하여 임대차 종료 시 임차인에게 권리금을 반환하겠다고 약정하였다고 볼 수는 없다(대판 2000다4517 · 4524).

⓷ 어떠한 의무를 부담하는 내용의 기재가 있는 문면에 "최대 노력하겠습니다."라고 기재되어 있는 경우, 특별한 사정이 없는 한 당사자가 그러한 의무를 법적으로는 부담할 수 없지만 사정이 허락하는 한 그 이행을 사실상 하겠다는 취지로 해석함이 상당하다(대판 93다32668).

(3) 보충적 해석

① **의의**: 보충적 해석은 계약에서 당사자가 약정하지 않은 사항에 관하여 분쟁이 생기는 경우에 법원에서 제3자의 입장에서 합리적으로 해석하는 방법이다.

② **적용범위**: 보충적 해석은 특히 계약에서 큰 기능을 발휘한다. 자연적 해석 또는 규범적 해석에 의하여 법률행위가 성립된 후에 보충적 해석을 하게 되며, 당사자의 실제의사가 아니라 법률행위 당시 및 보충적 해석을 할 당시의 사정 · 거래관행에 의하여 인정되는 가상적 의사(假想的 意思)를 밝히는 것이다.

4. 법률행위 해석의 표준

> 제105조【임의규정】법률행위의 당사자가 법령 중의 선량한 풍속 기타 사회질서에 관계없는 규정과 다른 의사를 표시한 때에는 그 의사에 의한다.
> 제106조【사실인 관습】법령 중의 선량한 풍속 기타 사회질서에 관계없는 규정과 다른 관습이 있는 경우에 당사자의 의사가 명확하지 아니한 때에는 그 관습에 의한다.

(1) 의의

법률행위를 해석하는 데 ① 당사자가 의도한 목적, ② 사실인 관습, ③ 임의법규, ④ 신의성실의 원칙 등을 중요한 기준으로 한다.

(2) 사실인 관습(거래관행)

① 사실인 관습은 '사회의 관행에 의해 발생한 사회생활규범으로서 사회의 법적 확신이나 인식에 의해 법적 규범으로 승인될 정도에 이르지 않은 것'을 말한다(대판 80다3231).
② 강행규정에 반하지 않고 임의법규와는 다른 관습이 있는 경우에, 당사자의 의사가 명확하지 않는 때에는 사실인 관습이 임의규정보다 우선하여 법률행위 해석의 기준이 된다. 즉, 사실인 관습은 임의규정의 영역에서 당사자의 의사를 보충하는 기능을 한다.
③ 일반적으로 관습법과 사실인 관습을 구별하는데, 관습법은 법령과 같은 효력을 갖는 것으로 법원이 직권으로 확정해야 하나 사실인 관습은 그 존재를 당사자가 주장·입증해야 한다.

(3) 신의성실의 원칙(조리: 條理)

당사자가 기도하는 목적·사실인 관습·임의규정의 어느 것에 의해서도 법률행위의 내용을 명확히 할 수 없는 경우에는 신의성실의 원칙에 의하여 해석하여야 한다.

제3절 ▌의사표시

Ⅰ. 의사표시 일반

1. 의의

의사표시란 일정한 법률효과의 발생을 목적으로 하는 의사를 외부로 표시하는 행위이다. 법률행위의 필요불가결의 구성요소로서 표의자가 원하는 대로 일정한 법률효과를 발생시키는 법률사실이다.

2. 의사표시의 구성요소

(1) 효과의사

효과의사란 '일정한 법률효과의 발생을 의욕하는 의사'를 말한다. 여기서 효과의사는 표의자가 가지고 있는 내심의 진정한 의사(내심의 효과의사)와 표시행위로부터 추측되는 의사(표시상의 효과의사)가 존재하는데, 통설적으로는 '표시상의 효과의사'를 효과의사의 본체로 본다.

(2) 표시행위

표시행위란 '효과의사를 외부에 표현하는 행위'를 말하며, 명시적으로 하든 묵시적으로 하든 상관이 없다.

Plus 보충 동기(動機)

동기는 의사표시의 전 단계로서 의사표시의 구성요소가 아니다. 따라서 동기의 불법이 있거나, 동기에 착오가 있는 경우에도 그 의사표시에 효력을 미치지 않는다. 다만, 다수설과 판례는 <u>동기가 표시된 경우</u>에는 의사표시의 내용이 되어 동기의 불법은 법률행위의 불법이 되며, 동기의 착오는 법률행위의 착오가 된다고 한다.

Ⅱ. 비정상적 의사표시

1. 서설

의사와 표시의 불일치	불일치를 표의자가 아는 경우	표의자만 아는 경우 (제107조 비진의의사표시)	유효 (상대방 선의·무과실)
		상대방과 통정한 경우 (제108조 통정허위표시)	상대적 무효
	불일치를 표의자가 모르는 경우	제109조 착오로 인한 의사표시	상대적 취소
하자 있는 의사표시		제110조 사기·강박에 의한 의사표시	상대적 취소

2. 진의 아닌 의사표시(비진의 의사표시)

> 제107조【진의 아닌 의사표시】① 의사표시는 표의자가 진의 아님을 알고 한 것이라도 그 효력이 있다. 그러나 상대방이 표의자의 진의 아님을 알았거나 이를 알 수 있었을 경우에는 무효로 한다.
> ② 전항의 의사표시의 무효는 선의의 제삼자에게 대항하지 못한다.

(1) 의의

① 진의 아닌 의사표시란 '의사와 표시가 일치하지 않는다는 것을 표의자 스스로 알면서 하는 의사표시 또는 표의자가 진의 아님을 알고 한 의사표시'를 말한다. 예컨대, 甲이 증여의 의사가 없음에도 불구하고 자신의 부동산을 乙에게 증여한다고 약정한 경우이거나 사직의사 없는 근로자가 사용자의 지시 또는 회사의 경영방침에 따라 일괄하여 사직서를 작성·제출한 경우이다.

② 진의 아닌 의사표시는 의사의 의식적 흠결이라는 점에서 통정허위표시와 같으나, 상대방과 통정함이 없이 표의자가 단독으로 한다는 점에서 허위표시와 다르다.

(2) 요건

① **의사표시가 존재할 것**: 법적 구속력이 없는 명백한 농담이나 배우의 대사, 교수가 강의를 위해 견본으로 어음·수표를 교부한 것 등은 의사표시가 아니므로 비진의표시의 문제가 생기지 않는다.

② **의사(진의)와 표시가 불일치할 것**: 진의란 특정한 내용의 의사표시를 하고자 하는 표의자의 생각을 말하는 것이지 표의자가 진정으로 마음 속에서 바라는 사항을 뜻하는 것은 아니라고 할 것이므로, 비록 재산을 강제로 뺏긴다는 것이 표의자의 본심으로 잠재되어 있었다 하여도 표의자가 강박에 의하여서나마 증여를 하기로 하고 그에 따른 증여의 의사표시를 한 이상 증여의 내심의 효과의사가 결여된 것이라고 할 수는 없다(대판 2000다47361).

③ **표의자가 불일치를 알고 있을 것(인식)**: 표의자가 그 불일치를 알고 있어야 한다. 알지 못하는 경우에는 착오(제109조)에 의한 의사표시가 문제된다.

④ **이유나 동기의 불문**: 비진의표시를 하게 된 표의자의 동기를 묻지 않으며, 표의자가 상대방이나 제3자를 속이려 했든, 상대방이 표의자의 진의를 알 것이라고 기대하에 한 경우이든 문제되지 않는다.

(3) 효과

① **원칙적 유효**: 표의자의 내심의 의사와 표시된 의사가 일치하지 아니한 경우에는 표의자의 진의가 어떠한 것이든 표시된 대로의 효력을 생기게 하여 거짓의 표의자를 보호하지 아니하는 반면에 만약 그 표의자의 상대방이 표의자의 진의아님에 대하여 악의 또는 과실이 있는 경우라면 이 때에는 그 상대방을 보호할 필요가 없이 표의자의 진의를 존중하여 그 진의아닌 의사표시를 무효로 한다(대판 86다카1004).

② **예외적 무효**
  ㉠ 당사자 간의 효과
    ⓐ 상대방이 표의자의 진의 아님을 알았거나 알 수 있었을 경우에는 비진의표시를 무효로 한다(제107조 제1항 단서).
    ⓑ 상대방의 악의 또는 과실에 대한 입증책임은 의사표시의 무효를 주장하는 자(표의자)에게 있다(대판 92다2295).
  ㉡ 제3자에 대한 효과
    ⓐ 비진의표시의 무효로써 선의의 제3자에게 대항하지 못한다(제107조 제2항).
    ⓑ 여기에서 '제3자'는 비진의 의사표시의 당사자와 그 포괄승계인을 제외한 자로서 비진의 의사표시에 의해 외형상 형성된 법률관계를 토대로 새로운 법률상 이해관계를 맺은 자이다.

ⓒ 여기서 '선의'는 당사자 간의 행위가 비진의표시임을 제3자가 모르는 것을 말한다. 그리고 제3자는 선의이기만 하면 되고 과실 유무는 묻지 않으며, 특별한 사정이 없는 한 제3자의 선의는 추정되므로 비진의표시의 무효를 주장하는 측에서 제3자가 악의라는 사실을 주장·입증해야 한다(대판 92다2295).

ⓓ 대항하지 못한다는 것은 비진의표시의 무효를 주장하지 못한다는 것을 의미한다. 따라서 선의의 제3자는 완전한 권리를 취득하게 되어 선의의 제3자로부터 전득한 전득자는 선의·악의를 불문하고 보호된다(엄폐물의 법칙).

(4) 적용범위

① **대리권남용**: 대리인이 본인의 의사에 반하여 자기나 제3자의 이익을 위한 배임적 대리행위를 한 경우(대리권남용)에도 유추적용될 수 있다. 따라서 대리인의 배임적 행위를 상대방이 알았거나 알 수 있었던 경우에는 107조 제1항 단서의 유추해석상 본인은 아무런 책임을 지지 않는다(대판 2011다64669).

② **공법상 행위**: 공무원이 사직의 의사표시와 같은 사인의 공법행위에는 진의 아닌 의사표시에 관한 제107조가 준용되지 아니하므로 그 의사가 외부에 표시된 이상 그 의사는 표시된 대로 효력을 발생한다(대판 97누13962).

③ **강행법규 위반 행위**: 계약체결의 요건을 규정하고 있는 강행법규에 위반한 계약은 무효이므로 그 경우에 계약상대방이 선의·무과실이더라도 민법 제107조의 비진의표시의 법리 또는 표현대리 법리가 적용될 여지는 없다(대판 2013다49381).

진의 아닌 의사표시에 해당하는 경우	진의 아닌 의사표시에 해당하지 않는 경우
① 근로자들이 일괄적으로 사직원을 제출할 때 근로계약관계를 종료시키고자 하는 내심의 의사가 없었고, 사용자 또한 이러한 사정을 알고서 사직원을 수리하였다면 위 근로자들의 사직의사표시는 무효라고 할 것이다(대판 92다21036). ② 진의 아닌 의사표시인지의 여부는 효과의사에 대응하는 내심의 의사가 있는지 여부에 따라 결정되는 것인바, 근로자가 사용자의 '지시'에 좇아 일괄하여 사직서를 작성 제출할 당시 그 사직서에 기하여 의원면직 처리될지 모른다는 점을 인식하였다고 하더라도 이것만으로 그의 내심에 사직의 의사가 있는 것이라고 할 수 없다(대판 90다11554).	① 법률상 또는 사실상의 장애로 자기명의로 대출받을 수 없는 자(甲)를 위해 대출금채무자로서의 명의를 빌려준 乙이 자기명의로 대출을 받아 그 자금을 甲이 사용하도록 한 경우 특별한 사정이 없는 한 乙의 의사는 채무부담의 의사가 없는 것이라고 할 수 없으므로 진의없는 의사표시 또는 통정허위표시라고 할 수 없다. 따라서 명의대여자인 乙이 원칙적으로 대출금반환채무를 진다(대판 97다8403). ② 표의자가 의사표시의 내용을 진정으로 마음속에서 바라지는 않았다고 하더라도 당시의 상황에서는 그것을 최선이라고 판단하여 그 의사표시를 하였을 경우에는 이를 내심의 효과의사가 결여된 진의 아닌 의사표시라고 할 수 없다(대판 99다34475).

3. 통정허위표시(通情虛僞表示)

> 제108조【통정한 허위의 의사표시】① 상대방과 통정한 허위의 의사표시는 무효로 한다.
> ② 전항의 의사표시의 무효는 선의의 제삼자에게 대항하지 못한다.

(1) 의의

① '통정'이란 당사자가 의사와 표시의 불일치를 서로 짜고서 당해 법률행위를 가장행위로 한다는 점에 관한 합의를 의미한다. 표의자가 진의 아닌 의사표시를 하는 것을 상대방이 단순히 알고 있는 것은 통정이 아니다.

② 허위표시를 요소로 하는 법률행위를 가장행위(假裝行爲)라 한다.

③ 허위표시를 하는 형태는 2가지가 있다. 하나는 허위의 외관을 만드는 경우인데 허위표시가 무효이므로 그 외관에 따른 효과는 생기지 않는다. 예를 들어 채무자가 채권자의 강제집행을 피하기 위하여 자신소유 주택에 대해서 친구와 매매를 가장하여 친구 앞으로 소유권이전등기를 경료해 주는 경우를 말한다. 다른 하나는 어떤 행위를 은폐하기 위하여 가장행위를 앞세우는 것이다. 甲이 乙에게 증여하면서 증여세를 면탈하기 위하여 서로 통모하여 매매계약서를 작성한 경우 매매는 가장행위이고 증여는 은닉행위에 해당한다. 이 경우 가장행위인 매매가 무효라고 해도 은닉행위인 증여가 증여로서의 요건을 갖추었다면 증여계약은 유효하다.

(2) 요건

① 의사표시가 존재할 것: 허위표시가 인정되려면 유효한 의사표시가 존재하는 것과 같은 외관이 있어야 한다.

② 의사(진의)와 표시가 불일치할 것: 표시행위의 의미에 대응하는 표의자의 의사가 존재하지 않아야 한다.

③ 표의자가 의사와 표시의 불일치를 알고 있을 것: 허위표시로 되려면 표의자 스스로 그의 진의와 표시행위의 의미가 일치하지 않는다는 것을 알고 있어야 한다. 허위표시는 이 점에서 비진의표시와 같고 착오와 다르다.

④ 상대방과의 통정(通情, 합의)이 있을 것

(3) 효과

① 당사자 사이의 효과

㉠ 당사자 사이에는 언제나 무효이다. 따라서 권리, 의무가 발생하지 않으므로 이행 전에는 이행할 필요가 없다.

㉡ 이행한 경우 허위표시 자체가 반사회질서의 법률행위는 아니므로 불법원인급여에 해당하지 않고 당사자는 부당이득반환청구권 또는 소유권에 기한 반환청구권을 행사할 수 있다.

㉢ 통정허위표시도 채권자취소권의 대상이 될 수 있다.

② 제3자에 대한 효과
　㉠ **상대적 무효**: 허위표시의 무효는 선의의 제3자에게 대항하지 못한다(제108조 제2항). 허위표시의 무효는 당사자뿐만 아니라 제3자도 무효를 주장할 수 있다. 다만 선의의 제3자가 있는 경우 그 제3자에게 무효를 주장할 수 없을 뿐이다.
　㉡ **제3자**: 통정허위표시의 무효를 대항할 수 없는 제3자란 허위표시의 당사자 및 포괄승계인 이외의 자로서 허위표시에 의하여 외형상 형성된 법률관계를 토대로 새로운 법률원인으로써 실질적으로 새로운 법률상 이해관계를 갖게 된 자를 말한다(대판 94다12074).
　㉢ **선의(무과실 ×)**: 당해 의사표시가 허위표시임을 모르는 것을 말하며, 제3자는 선의이기만 하면 되고 무과실은 요건이 아니다(대판 2003다70041). 제3자의 선의는 추정되므로 허위표시의 무효를 주장하는 측에서 제3자가 악의라는 사실을 주장·입증해야 한다(대판 2002다1321). 그리고 여기에서 선의의 제3자가 보호될 수 있는 법률상 이해관계는 가장매매의 매수인을 상대로 하여 직접 매매를 한 경우 외에도 그 매매계약을 바탕으로 하여 다시 매매계약에 의하여 새로이 법률상 이해관계를 가지게 되는 경우도 포함된다. 甲과 乙의 가장매매가 있었고 乙로부터 丙, 丙으로부터 丁에게 순차 매매가 이루어진 경우 丙이 악의이더라도 丁이 선의라면 甲은 丁에게 이전등기의 말소를 청구할 수 없다(대판 2012다49292).

제3자에 해당하는 자	제3자에 해당되지 않는 자
1. 가장매매의 매수인으로부터 그 목적물을 다시 매수한 자 2. 부동산가장매매의 매수인으로부터 그 부동산에 저당권을 설정받은 자 또는 가등기를 취득한 자 3. 가장매매의 매수인에 대한 가장매매목적물을 가압류한 자(가압류채권자) 4. 가장양수인과 목적물의 임대차계약을 체결한 자 5. 가장저당권설정행위에 기한 저당권의 실행으로 경락받은 자 6. 가장매매에 기한 대금채권을 양수한 자(양수인) 7. 가장행위에 의한 채권을 가압류한 자 8. 가장채무를 보증하고 그 보증채무를 이행한 보증인 9. 파산자가 상대방과 통정한 허위의 가장채권을 보유하고 있다가 파산이 선고된 경우의 파산관재인(다만, 선의, 악의는 총파산채권자를 기준으로 판단)	1. 허위표시 당사자의 상속인 2. 대리인이 허위표시를 한 경우 본인 3. 제3자를 위한 계약에서의 제3자(수익자) 4. 채권의 가장양도에 있어서 채무자 5. 허위표시의 당사자로부터 계약상 지위를 이전받은 자 6. 가장양도인의 가장양수인에 대한 권리를 대위행사하는 채권자 7. 가장매매에 기인한 손해배상청구권의 양수인 8. A가 부동산의 매수자금을 C로부터 차용하고 담보조로 가등기를 경료하기로 약정한 후 채권자들의 강제집행을 우려하여 B에게 가장양도한 후 C 앞으로 가등기를 경료케 한 경우에 있어서 C는 형식상은 가장 양수인으로부터 가등기를 경료받은 것으로 되어 있으나 실질적인 새로운 법률원인에 의한 것이 아니므로 통정허위 표시에서의 제3자로 볼 수 없다.

(4) 적용범위
상대방 없는 단독행위나 합동행위, 가족법상의 법률행위(혼인·입양 등), 소송행위나 공법행위에는 허위표시에 관한 규정이 적용되지 않는다.

4. 착오로 인한 의사표시

> **제109조 【착오로 인한 의사표시】** ① 의사표시는 법률행위의 내용의 중요부분에 착오가 있는 때에는 취소할 수 있다. 그러나 그 착오가 표의자의 중대한 과실로 인한 때에는 취소하지 못한다.
> ② 전항의 의사표시의 취소는 선의의 제삼자에게 대항하지 못한다.

(1) 서설

① 의의
　㉠ 착오는 의사와 표시의 불일치를 표의자가 모른다는 점에서 불일치를 알고 있는 진의 아닌 의사표시나 허위표시와는 구별된다.
　㉡ 표의자가 행위를 할 당시에 장래에 있을 어떤 사항의 발생이 미필적임을 알아 그 발생을 예기(예상 또는 기대)한 데 지나지 않는 경우는, 착오로 다룰 수는 없다(대판 2009다94841).

② 착오의 유형
　㉠ 표시상의 착오: 1,000만 원으로 적는다는 것을 100만 원으로 잘못 적은 경우와 같이 표시행위 자체를 잘못한 경우를 말한다. 신원보증서류에 서명날인(署名捺印)한다는 착각에 빠진 상태로 연대보증의 서면에 서명날인한 경우, 결국 위와 같은 행위는 강학상 이른바 기명(서명)날인의 착오로서 표시상의 착오에 해당한다(대판 2004다43824).
　㉡ 내용(內容)의 착오: 표시행위가 갖는 의미를 잘못 이해한 경우이다. 예컨대 홍콩달러를 미국달러와 동일한 가치의 화폐로 오인하고서 홍콩달러를 나타낼 생각으로 $를 표기한 경우인데 민법 제109조의 착오에 해당하여 취소의 대상이 된다.
　㉢ 법률의 착오: 법률의 존재 또는 효과에 대하여 인식을 잘못한 경우이다. 법률의 착오는 동기의 착오가 될 수도 있고 중요부분의 착오가 될 수도 있다. 토지를 매수하였는데 법령상의 제한으로 인하여 그 토지를 의도한 목적대로 사용할 수 없게 된 경우는 동기의 착오에 해당하지만(대판 96다31109), 양도소득세를 매수인이 부담하기로 하고 매매계약을 체결하였는데 후에 양도소득세가 더 많이 부과된 경우는 중요부분의 착오로 취소할 수 있다(대판 93다24810). 판례는 법률의 착오에 대해서도 제109조를 적용한다.
　㉣ 전달기관의 착오: 완성된 의사표시를 전달기관이 잘못 전달한 경우(예 우체부가 편지를 잘못 배달한 경우)로서 이는 착오가 아니라 의사표시의 부도달의 문제로서 법률행위가 불성립한다.
　㉤ 동기(動機)의 착오
　　ⓐ 의의: 동기의 착오란 '의사표시를 하게 된 동기에 착오가 있는 경우'를 말한다.
　　ⓑ 원칙: 동기의 착오는 거래의 안전을 위하여 원칙적으로 법률행위의 착오가 아니므로 동기의 착오를 이유로 법률행위를 취소할 수 없다.
　　ⓒ 예외: 동기의 착오가 법률행위의 내용의 중요부분의 착오에 해당함을 이유로 표의자가 법률행위를 취소하려면 그 동기를 당해 의사표시의 내용으로 삼을 것을 상대방에

게 표시하고 의사표시의 해석상 법률행위의 내용으로 되어 있다고 인정되면 충분하고 당사자들 사이에 별도로 그 동기를 의사표시의 내용으로 삼기로 하는 합의까지 이루어질 필요는 없다(대판 2000다12259).

ⓓ 상대방으로부터 유발된 동기의 착오: 동기의 착오가 상대방으로부터 유발된 경우에는 동기가 표시되지 않았다 하더라도 취소할 수 있다.

(2) 착오에 의한 취소요건

① 법률행위의 내용의 '중요부분'의 착오가 있을 것

㉠ 중요부분의 의미: 착오가 없었더라면 표의자(주관적 요건)가 그러한 의사표시를 하지 않았으리라고 인정될 정도로 착오가 중요한 부분에 관한 것이어야 하고 일반인(객관적 요건)도 표의자의 입장에 있었더라면 그러한 의사표시를 하지 않았으리라고 인정될 정도여야 한다(대판 93다55487).

㉡ 중요부분의 착오에 해당하는 경우

ⓐ 토지의 현황·경계에 관한 착오는 성질의 착오로서 매매계약의 중요부분에 대한 착오이다. 답 1,389평을 전부 경작할 수 있는 농지인 줄 알고 매수하였으나 측량 결과 약 600평이 하천을 이루고 있는 경우(대판 67다2160) 등은 법률행위 내용의 중요부분의 착오에 해당한다.

ⓑ 甲이 채무자란이 백지로 된 근저당권설정계약서를 제시받고 그 채무자가 乙인 것으로 알고 근저당권설정자로 서명날인을 하였는데 그 후 채무자가 丙으로 되어 근저당권설정등기가 경료된 경우 법률행위내용의 중요부분에 관한 착오에 해당한다(대판 95다37087). 즉, 채무자의 동일성에 관한 물상보증인의 착오는 중요부분에 관한 착오에 해당한다.

㉢ 중요부분의 착오가 아닌 경우

ⓐ 계약의 내용이 피고의 지분등기와 본건 건물 및 그 부지를 현 상태대로 매매한 것인 경우 위 부지(4평)에 관하여 0.211평(계산상 0.201평)에 해당하는 피고의 지분이 부족하다 하더라도 그러한 근소(미미)한 차이만으로써는 매매계약의 중요부분에 착오가 있었다거나 기망행위가 있었다고는 보기 어렵다(대판 83다카1328).

ⓑ 부동산 매매에 있어서 시가에 관한 착오는 부동산을 매매하려는 의사를 결정함에 있어 동기의 착오에 불과할 뿐 법률행위의 중요부분에 관한 착오라고 할 수 없다(대판 92다29337).

ⓒ 표시와 의사의 불일치가 객관적으로 현저하지 않거나 그 착오로 인해 표의자가 경제적인 불이익을 입은 것이 아니라면 이를 법률행위내용의 중요부분의 착오라고 할 수 없다(대판 98다47924). 따라서 가압류등기가 없다고 믿고 보증하였더라도 그 가압류가 원인 무효인 것으로 밝혀진 경우, 가압류의 존재에 관하여 착오가 있었다고 하여 그로 인하여 무슨 경제적 불이익을 입은 것은 아니라고 할 것이므로 착오를 이유로 의사표시를 취소할 수 없다(대판 98다23706).

ⓓ 매매나 임대차에서 목적물의 소유자에 대한 착오는 중요부분의 착오에 해당하지 않는다(대판 74다2069). 단, 목적물이 반드시 임대인의 소유일 것을 특히 계약의 내용으로 삼은 경우에는 취소할 수 있다.
ⓔ 등기명의자 甲과 종전 소유자의 상속인으로서 소유권이전등기의 원인무효를 주장하는 乙 사이에 토지 소유권 환원의 방법으로 乙 앞으로 소유권이전등기를 경료하여 주기로 하는 합의가 이루어진 경우, 乙이 공동상속인들 중 1인이라면 공유물에 대한 보존행위로서 단독으로 공유물에 관한 원인무효의 등기의 말소를 구하거나 소유권이전등기에 관한 합의를 할 수 있다고 보아야 하므로, 甲이 乙을 단독상속인으로 믿고서 그와 같은 소유권환원의 합의에 이르렀더라도 그와 같은 착오는 합의내용의 중요부분에 해당한다고 볼 수 없다(대판 95다35371).

② 표의자에게 중대한 과실이 없을 것

㉠ '중대한 과실'이란 표의자의 직업, 행위의 종류, 목적 등에 비추어 보통 요구되는 주의를 현저히 게을리한 것을 의미한다. 토지매매에서 특별한 사정이 없는 한 매수인에게 측량을 하거나 지적도와 대조하는 등의 방법으로 매매목적물이 지적도상의 그것과 정확히 일치하는지 여부를 미리 확인하여야 할 주의의무가 있다고 볼 수 없다.
㉡ 고려청자로 알고 매수한 도자기가 진품이 아닌 것으로 밝혀진 경우, 매수인이 감정인의 감정 없이 매수한 점만으로는 중과실이 인정되지 않는다(대판 96다26657).
㉢ 한편 제109조 단서 규정은 표의자의 상대방의 이익을 보호하기 위한 것이므로, 상대방이 표의자의 착오를 알고 이를 이용한 경우에는 착오가 표의자의 중대한 과실로 인한 것이라고 하더라도 표의자는 의사표시를 취소할 수 있다(대판 2017다227264).

③ 입증책임

㉠ 착오 및 중요부분에 관한 입증책임: 착오를 이유로 의사표시를 취소하는 자(표의자)는 법률행위의 내용에 착오가 있었다는 사실과 함께 그 착오가 의사표시에 결정적인 영향을 미쳤다는 점, 즉 중요부분이라는 점을 증명하여야 한다(대판 2007다74188).
㉡ 중대한 과실에 대한 입증책임: 민법 제109조 제1항 단서에서 규정하는 착오한 표의자의 중대한 과실 유무에 관한 주장과 입증책임은 착오자가 아니라 의사표시를 취소하게 하지 않으려는 상대방에게 있다(대판 2005다6228).

(3) 효과

① 당사자 사이의 효과

㉠ 중요부분의 착오이고 그 착오에 중대한 과실이 없는 경우에는 그 의사표시를 취소할 수 있다(제109조 제1항). 취소한 법률행위는 처음부터 무효인 것으로 본다(제141조).
㉡ 제109조는 임의규정이므로 표의자의 취소권을 배제하는 약정은 유효하다. 따라서 그러한 약정이 있는 경우에 표의자는 의사표시를 취소할 수 없다.

② 제3자에 대한 효력: 착오로 인한 의사표시의 취소로써 선의의 제3자에게 대항하지 못한다(제109조 제2항).

③ 표의자의 손해배상책임 여부: '착오를 이유로 의사표시를 취소하여 상대방이 손해를 입었더라도 착오에 빠진 것 자체가 위법하지는 않으므로 상대방은 불법행위를 이유로 손해배상을 청구할 수 없다'고 한다(대판 97다카13023).

(4) 적용범위

① 적용되는 경우: 제109조는 원칙적으로 재산상 법률행위에 적용된다. 따라서 재산상의 계약, 단독행위 등에 적용된다.

② 적용되지 않는 경우
   ㉠ 당사자의 진의가 절대적으로 존중되는 가족법상의 법률행위에는 적용되지 않는다.
   ㉡ 공법상 행위 또는 소송법상 행위에도 적용되지 않는다. 따라서 소의 취하 등과 같은 공법행위의 경우에는 착오를 이유로 하는 취소가 허용되지 않는다. 다만 소 취하가 아닌 '소 취하의 합의'에 착오가 있는 경우에는 제109조에 따라 취소할 수 있다(대판 2020다227523).

(5) 다른 제도와의 관계

① 착오와 사기
   ㉠ 타인의 기망행위로 인하여 법률행위의 중요부분에 관하여 착오를 일으킨 경우와 같이 착오와 사기가 경합하는 경우 표의자는 그 요건을 입증하여 착오 또는 사기를 선택적으로 주장할 수 있다.
   ㉡ 기망행위로 인하여 법률행위의 중요부분에 관하여 착오를 일으킨 경우뿐만 아니라 법률행위의 내용으로 표시되지 아니한 의사결정의 동기에 관하여 착오를 일으킨 경우에도 표의자는 그 법률행위를 사기에 의한 의사표시로서 취소할 수 있다(대판 85도167).

② 착오와 담보책임: 착오로 인한 취소 제도와 매도인의 하자담보책임 제도는 취지가 서로 다르고, 요건과 효과도 구별된다. 따라서 매매계약 내용의 중요 부분에 착오가 있는 경우 매수인은 매도인의 하자담보책임이 성립하는지와 상관없이 착오를 이유로 매매계약을 취소할 수 있다(대판 2015다78703).

③ 착오와 해제: 매도인이 매매계약을 적법하게 해제한 후라도 매수인으로서는 불이익을 면하기 위하여 착오를 이유로 한 취소권을 행사하여 위 매매계약 전체를 무효로 돌리게 할 수 있다(대판 91다11308).

5. 사기(詐欺)·강박(强迫)에 의한 의사표시(하자 있는 의사표시)

> **제110조【사기, 강박에 의한 의사표시】** ① 사기나 강박에 의한 의사표시는 취소할 수 있다.
> ② 상대방 있는 의사표시에 관하여 제삼자가 사기나 강박을 행한 경우에는 상대방이 그 사실을 알았거나 알 수 있었을 경우에 한하여 그 의사표시를 취소할 수 있다.
> ③ 전 2항의 의사표시의 취소는 선의의 제삼자에게 대항하지 못한다.

(1) 의의

① '사기에 의한 의사표시'란 타인의 기망행위로 말미암아 착오에 빠진 상태에서 의사표시를 한 경우를 말하고, '강박에 의한 의사표시'란 타인의 강박행위로 인하여 공포심에 빠져서 한 의사표시를 말한다. 사기 또는 강박에 의한 의사표시를 합쳐 '하자 있는 의사표시'라고 한다.

② 사기 또는 강박에 의한 의사표시는 의사와 표시의 불일치는 존재하지 아니하지만 타인의 위법한 간섭에 의하여 의사결정의 자유가 방해된 상태에서 행해진 의사표시를 말하며, 민법은 이를 취소할 수 있는 것으로 규정하고 있다.

(2) 사기, 강박에 의한 의사표시의 요건

① 사기에 의한 의사표시

㉠ 표의자를 기망하여 (동기의) 착오에 빠지도록 하려는 고의와 표의자로 하여금 그 착오에 기해 의사표시를 하도록 하려는 고의의 2단의 고의가 있어야 한다. 따라서 기망행위로 법률행위의 내용으로 표시되지 아니한 동기의 착오를 일으킨 경우에도 사기로 인한 취소를 할 수 있다. 피기망자에게 재산상 손해를 가할 의사까지는 요구되지는 않는다.

㉡ 거래관념에 비추어 신의성실의 원칙상 고지의무가 있음에도 고지하지 않은 경우에는 단순한 침묵이나 부작위도 기망행위가 될 수 있다. 그러나 이때에도 상대방이 고지의무의 대상이 되는 사실을 이미 알고 있거나 스스로 이를 확인할 의무가 있는 경우 또는 거래관행상 상대방이 당연히 알고 있을 것으로 예상되는 경우 등에는 상대방에게 위와 같은 사정을 알리지 아니하였다고 하여 고지의무를 위반하였다고 볼 수 없다(대판 2013다97076).

㉢ 기망행위가 아닌 경우

ⓐ 상품의 선전 광고에 있어서 거래의 중요한 사항에 관하여 구체적 사실을 신의성실의 의무에 비추어 비난받을 정도의 방법으로 허위로 고지한 경우에는 기망행위에 해당한다고 할 것이나, 그 선전 광고에 다소의 과장·허위가 수반되는 것은 그것이 일반 상거래의 관행과 신의칙에 비추어 시인될 수 있는 한 기망성이 결여된다(대판 99다55601).

ⓑ 교환계약이나 매매계약을 체결하려는 일방당사자가 자기가 소유하는 목적물의 시가를 묵비하여 상대방에게 고지하지 아니하거나 혹은 허위로 시가보다 높은 가액을 시가라고 고지하였다 하더라도 이는 상대방의 의사결정에 불법적인 간섭을 한 것이라고 볼 수 없다(대판 2000다54406·54413, 대판 2012다54997).

㉣ 상대방이 기망하였으나 표의자가 기망되지 않고 의사표시를 한 경우에는 인과관계가 없으므로 기망을 이유로 취소할 수 없다.

② 강박에 의한 의사표시

㉠ 강박에 의한 의사표시라고 하려면 상대방이 불법으로 어떤 해악을 고지함으로 말미암아 공포를 느끼고 의사표시를 한 것이어야 한다(대판 2002다73708·73715). 단지 각서에 서명 날인할 것을 강력히 요구한 것만으로는 강박행위라 할 수 없다(대판 73다1048).

ⓛ 강박에 의한 법률행위가 하자 있는 의사표시로서 취소되는 것에 그치지 않고 나아가 무효로 되기 위하여는, 강박의 정도가 단순한 불법적 해악의 고지로 상대방으로 하여금 공포를 느끼도록 하는 정도가 아니고, 의사표시자로 하여금 의사결정을 스스로 할 수 있는 여지를 완전히 박탈한 상태에서 의사표시가 이루어져 단지 법률행위의 외형만이 만들어진 것에 불과한 정도이어야 한다(대판 2002다73708 · 73715).

ⓒ 일반적으로 부정행위에 대한 고소, 고발은 정당한 권리행사가 되어 위법하다고 할 수 없으나, 부정한 이익의 취득을 목적으로 하는 경우에는 위법한 강박행위가 되는 경우가 있고 목적이 정당하다 하더라도 행위나 수단 등이 부당한 때에는 위법성이 있는 경우가 있을 수 있다(대판 92다25120).

(3) 사기 · 강박에 의한 의사표시의 효과

① 상대방이 사기 · 강박을 한 경우: 표의자는 사기 · 강박에 의한 의사표시를 취소할 수 있다(제110조 제1항).

② 제3자가 사기 · 강박을 한 경우

  ㉠ 상대방 있는 의사표시: 상대방이 제3자의 사기 · 강박을 알았거나 알 수 있었을 경우에 한해 표의자는 그 의사표시를 취소할 수 있다(제110조 제2항). 따라서 상대방이 선의 · 무과실일 경우에는 취소할 수 없다.

  ㉡ 상대방 없는 의사표시: 상대방 없는 의사표시에서는 보호할 상대방이 없으므로 표의자는 언제든지 그 의사표시를 취소할 수 있다.

  ㉢ 제3자의 사기 · 강박에서 제3자 해당 여부

    ⓐ 그 의사표시에 관한 상대방의 대리인 등 상대방과 동일시할 수 있는 자의 사기나 강박은 제3자의 사기강박에 해당되지 아니한다(대판 98다60828). 따라서 대리인의 사기에 의하여 상대방이 의사표시를 하였을 경우에 상대방은 본인이 그 사실을 알든 모르든 기망에 인한 의사표시를 취소할 수 있다.

    ⓑ 단순히 상대방의 피용자는 제3자에 해당한다. 피용자의 사기나 강박은 제3자의 사기나 강박에 해당하여 상대방이 피용자의 사기 · 강박을 알았거나 알 수 있었을 경우에 한해 표의자는 그 의사표시를 취소할 수 있다(대판 96다41496).

③ 제3자에 대한 효과

  ㉠ 사기 · 강박에 의한 의사표시의 취소는 선의의 제3자에게 대항하지 못한다(제110조 제3항).

  ㉡ 제3자는 특별한 사정이 없는 한 선의로 추정할 것이므로 표의자가 제3자에 대해 사기에 의한 의사표시의 취소를 주장하려면 제3자의 악의를 입증할 필요가 있다(대판 70다2155).

(4) 적용범위

① 적용되는 경우: 계약뿐만 아니라 단독행위에도 적용된다.

② 적용되지 않는 경우: 가족법상 행위, 공법상 행위, 소송법상 행위 등에는 적용되지 않는다. 따라서 사기나 강박에 의한 소송행위는 원칙적으로 취소할 수 없다(대판 96다35484).

(5) 다른 제도와의 관계

① 사기와 착오

㉠ 착오가 타인의 기망행위에 기해 발생한 때에는 표의자는 사기 또는 착오를 선택적으로 주장할 수 있다. 사기에 의해 한 의사표시는 법률행위의 중요부분에 착오가 없다고 하더라도 취소할 수 있다(대판 68다1749). 기망행위로 인하여 법률행위의 중요부분에 관하여 착오를 일으킨 경우뿐만 아니라 법률행위의 내용으로 표시되지 아니한 의사결정의 동기에 관하여 착오를 일으킨 경우에도 표의자는 그 법률행위를 사기에 의한 의사표시로서 취소할 수 있다(대판 85도167).

㉡ 다만, 제3자의 기망행위에 의하여 신원보증서류에 서명날인(署名捺印)한다는 착각에 빠진 상태로 연대보증의 서면에 서명날인한 경우에는 비록 위와 같은 착오가 제3자의 기망행위에 의하여 일어난 것이라 하더라도 민법 제110조 제2항의 규정을 적용할 것이 아니라, 착오에 의한 의사표시에 관한 법리만을 적용하여 취소권 행사의 가부를 가려야 한다(대판 2004다43824).

② 담보책임과의 관계: 기망에 의하여 하자 있는 물건에 관한 매매가 성립한 경우에는 매수인은 하자담보책임을 묻거나 사기에 의한 취소권 행사를 선택적으로 할 수 있다.

③ 사기와 불법행위책임

㉠ 사기·강박이 불법행위의 요건을 갖춘 때에는 표의자는 의사표시의 취소와 함께 불법행위에 기한 손해배상청구권도 행사할 수 있다.

㉡ 다만, 제3자의 사기행위로 계약을 체결한 경우, 피해자가 제3자를 상대로 손해배상청구를 하기 위하여 반드시 그 계약을 취소할 필요는 없다(대판 97다55829). 즉, 기망행위에 의하여 분양계약을 체결한 표의자는 기망을 이유로 분양계약을 취소하고 분양대금의 반환을 구할 수도 있고, 분양계약의 취소를 원하지 않을 경우 그로 인한 손해배상만을 청구할 수도 있다(대판 2004다48515).

㉢ 표의자는 취소의 효과로 생기는 부당이득반환청구권과 불법행위로 인한 손해배상청구권은 선택적으로 행사할 수 있지만, 중첩적으로 행사할 수는 없다(대판 92다56087).

Ⅲ. 의사표시의 효력발생

1. 서설

① 상대방 없는 의사표시는 원칙적으로 표시행위가 완료된 때에 효력을 발생하며(표백주의), 특별한 문제가 없다. 그리하여 민법은 상대방 없는 의사표시(법률행위)의 효력발생시기에 관하여 때에 따라 개별적인 규정을 두고 있을 뿐[제1042조(상속의 포기)·제1073조(유언)], 일반적인 규정을 두고 있지 않다.

② 상대방 있는 의사표시는 상대방에게 알리는 것을 목적으로 하기 때문에 상대방 없는 의사표시와 똑같이 다룰 수 없다. 그 의사표시에 있어서는 ㉠ 의사표시의 효력발생시기, ㉡ 의사표시의 수령능력, ㉢ 상대방이 누구인지를 모르는 경우 등에 어떻게 하여야 하는가 등이 문제된다. 민법은 이들 경우에 관하여 명문규정(제111조 내지 제113조)을 두고 있다.

2. 의사표시의 효력발생시기

> **제111조 【의사표시의 효력발생시기】** ① 상대방이 있는 의사표시는 상대방에게 도달한 때에 그 효력이 생긴다.
> ② 의사표시자가 그 통지를 발송한 후 사망하거나 제한능력자가 되어도 의사표시의 효력에 영향을 미치지 아니한다.

(1) 도달주의 원칙

① 의의: 우리 민법은 제111조에서 '상대방이 있는 의사표시는 상대방에게 도달한 때에 그 효력이 생긴다.'고 하여 도달주의를 원칙으로 하고 있다. 이러한 도달주의를 규정한 민법 제111조는 임의규정이다.

② 도달의 개념
  ㉠ 도달이라 함은 사회통념상 상대방이 통지의 내용을 알 수 있는 객관적 상태에 놓여 있는 경우를 가리키는 것으로서, 상대방이 통지를 현실적으로 수령하거나 통지의 내용을 알 것까지는 필요로 하지 않는다.
  ㉡ 도달로 인정되는 경우
    ⓐ 매매계약을 해제하겠다는 내용증명우편이 상대방에게 도착하였으나, 상대방이 정당한 사유 없이 그 우편물의 수취를 거절한 경우에 해제의 의사표시가 도달한 것으로 볼 수 있다(대판 2008다19973).
    ⓑ 등기우편(대판 91누3819)이나 내용증명우편물이 발송되고 반송되지 않았다면 특단의 사정이 없는 한 그 무렵에 송달되었다고 볼 것이다(대판 96다38322).
  ㉢ 도달로 인정되지 않는 경우: 보통우편의 방법으로 발송되었다는 사실만으로는 도달하였다고 추정할 수 없다(대판 2000다25002).

③ 도달주의의 효과
  ㉠ 도달 후의 효과: 의사표시는 상대방에게 도달한 때에 효력이 생기므로 도달 후에는 상대방이 그 내용을 알기 전이라도 철회할 수 없다. 그러나 표의자는 발신 후 도달 전에는 의사표시를 철회할 수 있으며 철회의 의사표시는 원래의 의사표시와 동시에 또는 그보다 먼저 도달해야 한다.
  ㉡ 불착·연착의 불이익 부담: 의사표시의 불착·연착으로 인한 불이익은 표의자에게 귀속된다.
  ㉢ 발신 후의 사정변경: 의사표시를 발송한 후 도달 전에 표의자가 사망하거나 제한능력자가 되어도 의사표시의 효력에 영향을 미치지 아니한다(제111조 제2항).
  ㉣ 도달의 입증책임: 의사표시의 도달에 대한 입증책임은 도달을 주장하는 표의자가 부담한다.

(2) 도달주의의 예외(발신주의)

① 제한능력자 상대방의 촉구에 대한 제한능력자 측의 확답(제15조), ② 무권대리인 상대방의 최고에 대한 본인의 확답(제131조), ③ 채무인수의 승낙 여부의 최고에 대한 채권자의 확답(제

455조), ④ 격지자 간 계약의 승낙 통지(제531조), ⑤ 사원총회 소집통지(제71조)는 발신주의에 따른다.

3. 의사표시의 수령능력(受領能力)

> **제112조 【제한능력자에 대한 의사표시의 효력】** 의사표시의 상대방이 의사표시를 받은 때에 제한능력자인 경우에는 의사표시자는 그 의사표시로써 대항할 수 없다. 다만, 그 상대방의 법정대리인이 의사표시가 도달한 사실을 안 후에는 그러하지 아니하다.

(1) 의의

의사표시의 상대방이 의사표시를 유효하게 수령할 수 있는 능력을 말한다. 민법은 모든 제한능력자(미성년자, 피한정후견인, 피성년후견인)를 수령무능력자로 보고 있다. 다만, 미성년자, 피한정후견인에게 일정한 경우 예외적으로 행위능력이 인정되는 범위에서는 수령능력을 갖는다.

(2) 의사표시의 효력

① 표의자는 그 의사표시로써 제한능력자에게 대항하지 못하나 제한능력자 측에서 의사표시의 유효한 도달을 주장하는 것은 무방하다(제112조 본문).
② 상대방이 수령무능력자라도 법정대리인이 의사표시의 도달을 안 후에는 의사표시자는 의사표시의 도달을 주장할 수 있다(제112조 단서).

4. 의사표시의 공시송달(公示送達)

> **제113조 【의사표시의 공시송달】** 표의자가 과실없이 상대방을 알지 못하거나 상대방의 소재를 알지 못하는 경우에는 의사표시는 민사소송법 공시송달의 규정에 의하여 송달할 수 있다.

공시송달에 의한 의사표시는 그 사유를 게시한 날부터 2주일이 지나면 그 효력이 생기고, 이 때에 의사표시가 도달한 것으로 본다(민사소송법 제196조 제1항). 다만, 외국에서 할 송달에 대한 공시송달의 경우에는 2월로 하고 위 기간은 줄일 수 없다.

제4절 ▌ 법률행위의 대리

Ⅰ. 서설

1. 대리의 의의

대리란 대리인이 본인을 위한 것임을 표시하고 법률행위를 하거나 의사표시를 수령하여 법률관계를 맺게 되면, 그 법률효과가 직접 본인에게 생기게 하는 제도로서 법률행위의 행위자와 그 효과의 귀속자가 분리되는 제도이다.

2. 대리가 인정되는 범위

(1) 법률행위
원칙적으로 의사표시를 요소로 하는 재산상 법률행위에만 허용되고, 법률행위 중에서도 혼인·인지·입양·유언 등과 같은 가족법상의 법률행위에는 성질상 대리가 허용되지 않는다.

(2) 준법률행위
원칙적으로 인정되지 않으나 의사의 통지(각종 최고, 거절)와 관념의 통지(각종 통지, 승낙, 승인)에는 대리규정을 유추적용할 수 있다.

(3) 사실행위
당사자의 의식의 내용을 묻지 않고 어떤 행위가 행해졌다는 결과만을 중시하는 사실행위에는 대리가 인정되지 않는다.

(4) 불법행위
불법행위에는 대리가 인정되지 않는다.

3. 대리에 있어서 3면관계

(1) 본인과 대리인과의 관계(대리권)
본인과 대리인 사이에는 대리인에게 본인을 대리하여 법률행위를 할 수 있는 권한인 대리권이 있어야 한다.

(2) 대리인과 상대방과의 관계(대리행위)
대리인과 상대방과의 법률행위의 효과가 본인에게 귀속하기 위해서는 대리인이 그 권한 내에서 이루어진 것이어야 하며, 대리인의 의사표시가 본인을 위한 것임을 표시하여 행하여져야 한다(대리행위).

(3) 본인과 상대방과의 관계(대리효과)
대리행위는 직접 본인에게 대하여 효력이 생긴다(대리효과).

Ⅱ. 대리권: 본인과 대리인 관계

1. 서설

(1) 대리권의 의의
대리권이란 타인이 본인의 이름으로 법률행위를 하거나 의사표시를 수령하여 그 법률효과를 본인에게 생기게 할 수 있는 법률상의 지위 또는 자격을 말한다.

(2) 대리권의 발생원인
① 법정대리권의 발생원인: 법률의 규정(친권자 제911조, 제920조), 일상가사대리(제827조), 지정권자의 지정(미성년자의 친권자가 유언으로 지정한 미성년후견인 제931조), 법원의 선임(제

한능력자를 위해 법원이 선임한 선임후견인 제932조, 부재자재산관리인 제23조, 제24조 등)에 의해 발생한다.

② 임의대리권의 발생원인 - 수권행위(授權行爲)
  ㉠ **수권행위의 의의**: 수권행위란 본인의 일방적 의사표시에 의하여 대리인에게 대리권을 수여하는 행위를 말한다.
  ㉡ **수권행위와 원인된 법률관계(기초적 내부관계)**: 수권행위는 본인과 대리인 사이의 위임, 고용 등 기초적 내부관계(대리의 원인된 법률관계)에 수반하여 보통 이루어진다(예 부동산의 매각을 위임하면서 대리권을 수여하는 경우).
  ㉢ **수권행위의 하자**: 수권행위 자체의 하자가 있어 무효이거나 이를 취소한 경우에는 그 대리행위는 처음부터 무권대리가 된다.
  ㉣ **수권행위의 방식**: 수권행위의 방식에 관하여 민법은 아무런 규정을 두고 있지 않다. 따라서 위임장의 작성·교부뿐만 아니라 구두에 의해서도 할 수 있다. 대리권을 수여하는 수권행위는 불요식의 행위로서 명시적인 의사표시에 의함이 없이 묵시적인 의사표시에 의하여 할 수도 있으며, 어떤 사람이 대리인의 외양을 가지고 행위하는 것을 본인이 알면서도 이의를 하지 아니하고 방임하는 등 사실상의 용태에 의하여 대리권의 수여가 추단되는 경우도 있다(대판 2016다203315).

2. 대리권의 범위

(1) 법정대리권의 범위

법정대리권의 범위는 법률의 규정에 의해 정해진다.

(2) 임의대리권의 범위

① 원칙 - 수권행위의 해석

대리권의 범위에 포함되는 경우	㉠ 임의대리권은 그 권한에 부수하여 필요한 한도에서 상대방의 의사표시를 수령하는 수령대리권을 포함한다(대판 93다39379). ㉡ 부동산매매계약을 체결할 대리권을 수여받은 대리인은 특별한 사정이 없는 한 그 매매계약에서 약정한 바에 따라 중도금이나 잔금을 수령할 권한도 있다(대판 93다39379). ㉢ 부동산매매계약의 체결과 이행에 관하여 포괄적으로 대리권을 수여받은 대리인은 특별한 다른 사정이 없는 한 상대방에 대하여 약정된 매매대금지급기일을 연기하여 줄 권한도 가진다(대판 91다43107).
대리권의 범위에 포함되지 않는 경우	㉠ 어떠한 계약의 체결에 관한 대리권을 수여받은 대리인이 수권된 법률행위를 하게 되면 그것으로 대리권의 원인된 법률관계는 원칙적으로 목적을 달성하여 종료하는 것이고, 법률행위에 의하여 수여된 대리권은 그 원인된 법률관계의 종료에 의하여 소멸하는 것이므로(민법 제128조), 그 계약을 대리하여 체결하였던 대리인이 체결된 계약의 해제 등 일체의 처분권과 상대방의 의사를 수령할 권한까지 가지고 있다고 볼 수는 없다(대판 2008다11276). ㉡ 부동산을 매수할 권한을 수여받은 대리인에게 그 부동산을 처분할 대리권도 있다고 볼 수 없다(대판 90다7364).

　　　　　ⓒ 대여금의 영수권한만을 위임받은 대리인이 그 대여금채무의 일부를 면제하려면 그에 관한 특별수권이 필요하다(대판 80다3221).
　　　　　ⓓ 예금계약의 체결을 위임받은 자가 가지는 대리권에 당연히 그 예금을 담보로 대출을 받거나 이를 처분할 수 있는 대리권이 포함되어 있는 것은 아니다(대판 2000다38992).

② 수권행위로 대리권의 범위를 정하지 않은 경우(제118조)

> **제118조【대리권의 범위】** 권한을 정하지 아니한 대리인은 다음 각 호의 행위만을 할 수 있다.
> 1. 보존행위
> 2. 대리의 목적인 물건이나 권리의 성질을 변하지 아니하는 범위에서 그 이용 또는 개량하는 행위

　㉠ 민법 제118조는 대리권의 범위가 정해지지 않거나 불명확한 경우에 적용되는 보충적 규정에 불과하고 대리권의 범위가 명백하거나 표현대리가 성립하는 경우에는 적용되지 않는다. 이 규정은 재산의 관리가 대리인에게 위탁된 경우에 관한 것으로서 임의대리권 모두에 적용되는 것은 아니다.
　㉡ 보존행위: 보존행위란 재산가치의 현상을 그대로 유지하려는 행위를 말하고 제한 없이 대리가 허용된다(예 건물의 수선, 권리소멸시효의 중단조치, 미등기부동산의 등기, 기한이 도래한 채무의 변제, 부패하기 쉬운 물건의 처분 등).
　㉢ 이용·개량행위: 이용행위(예 물건의 임대, 금전의 이자부 대여 등)나 개량행위(예 가치를 증가시키는 행위)는 물건·권리의 성질을 변화시키지 않는 범위 내에서만 대리가 허용되고 본인에게 이익이 되는지 여부는 묻지 않는다. 따라서 은행예금을 찾아 개인에게 대여하는 것, 은행예금을 찾아 주식을 사는 것은 허용되지 않는다.

3. 대리권의 제한

(1) 자기계약(自己契約)·쌍방대리(雙方代理) 금지

> **제124조【자기계약, 쌍방대리】** 대리인은 본인의 허락이 없으면 본인을 위하여 자기와 법률행위를 하거나 동일한 법률행위에 관하여 당사자쌍방을 대리하지 못한다. 그러나 채무의 이행은 할 수 있다.

① 원칙적 금지: 본인의 이익을 해칠 우려가 있기 때문에 대리인은 자기계약이나 쌍방대리는 하지 못한다(제124조). 부동산 입찰절차에서 동일물건에 관하여 이해관계가 다른 2인 이상의 대리인이 된 경우에는 그 대리인이 한 입찰은 무효이다(대결 2003마44).
② 예외적 허용: '본인의 허락'이 있는 경우와 '채무이행'의 경우에는 허용된다.
③ 금지위반의 효과: 제124조에 위반되는 대리행위는 무권대리행위로 무효이다. 따라서 자기계약·쌍방대리 금지에 위반한 행위는 본인에게 효력이 발생하지 않으나, 본인이 이를 추인하면 행위 시에 소급하여 유효로 될 수 있다(제130조, 제133조).

(2) 각자대리 원칙

> 제119조 【각자대리】 대리인이 수인인 때에는 각자가 본인을 대리한다. 그러나 법률 또는 수권행위에 다른 정한 바가 있는 때에는 그러하지 아니하다.

① 각자대리 원칙: 대리인이 수인인 때에는 각자가 본인을 대리하는 것이 원칙이다(제119조).
② 공동대리: 법률규정(친권자) 또는 수권행위에 의해 대리행위를 대리인공동으로 해야 하는 경우도 있다. 이는 각 대리인에 대해 대리권을 제한하고 대리인의 의사결정을 신중하게 함으로써 본인을 보호하기 위함이다. 공동대리를 위반한 대리행위는 무권대리가 된다.

4. 대리권의 남용(濫用)

(1) 의의

대리인이 외형적·형식적으로는 대리권 범위 안에서 한 대리행위이지만 실질적으로는 본인의 이익에 반하여 대리인 자신 또는 제3자의 이익을 꾀할 목적으로 대리행위를 하는 경우를 말한다.

(2) 대리권남용의 효과(제107조 제1항 단서 유추적용)

대리의사가 있고 현명이 있는 한 배임적 대리행위도 본인을 위한 대리행위로서 유효하다. 다만, 대리인의 배임행위를 상대방이 알았거나 알 수 있었을 경우에는 비진의표시에 관한 민법 제107조 제1항 단서를 유추적용하여 그 대리행위는 무효가 되어 본인은 책임을 지지 않는다 (대판 2000다20694).

5. 대리권의 소멸

> 제127조 【대리권의 소멸사유】 대리권은 다음 각 호의 어느 하나에 해당하는 사유가 있으면 소멸된다.
> 1. 본인의 사망
> 2. 대리인의 사망, 성년후견의 개시 또는 파산
>
> 제128조 【임의대리의 종료】 법률행위에 의하여 수여된 대리권은 전조의 경우 외에 그 원인된 법률관계의 종료에 의하여 소멸한다. 법률관계의 종료전에 본인이 수권행위를 철회한 경우에도 같다.

(1) 임의대리·법정대리의 공통된 소멸사유(제127조)

① 본인의 사망, 대리인의 사망, 대리인의 성년후견의 개시 또는 파산으로 대리권은 소멸한다.
② 본인의 성년후견개시나 대리인의 한정후견의 개시는 대리권 소멸사유가 아니다.

(2) 임의대리에 특유한 소멸사유(제128조)

① 임의대리권은 그 원인된 법률관계(예 위임, 고용 등)의 종료에 의해 소멸한다.
② 원인된 법률관계의 종료 전에도 본인이 수권행위를 철회하면 임의대리권은 소멸한다.

Ⅲ. 대리행위: 대리인과 상대방과의 관계

1. 의의

대리행위란 대리인이 대리권의 범위 내에서 본인을 위한 것임을 표시(현명)하여 상대방에게 의사표시를 하거나 상대방으로부터 의사표시를 수령하는 것을 말한다. 대리인이 법률행위를 하더라도 본인을 위한 것임을 표시하지 않았다면 대리행위가 성립하지 않아 그 법률행위의 효력은 본인에게 귀속되지 않는다.

2. 현명주의(顯名主義)

> 제114조【대리행위의 효력】① 대리인이 그 권한 내에서 본인을 위한 것임을 표시한 의사표시는 직접 본인에게 대하여 효력이 생긴다.
> ② 전항의 규정은 대리인에게 대한 제삼자의 의사표시에 준용한다.

(1) 현명의 의의(대리의사의 표시)

현명이란 대리인이 대리행위 시에 그 법률행위가 본인을 위한 것임을 표시하는 것을 말한다. 수동대리에서는 상대방 쪽에서 본인에 대한 의사표시임을 표시하여야 한다(제114조 제2항).

(2) 현명의 방법

① 본인을 위한 것임을 알 수 있는 한 현명의 방식에는 제한이 없다. 따라서 서면으로 할 수도 있고 구두로도 할 수 있다(대판 4278민상205). 현명은 반드시 명시적으로만 할 필요는 없고 묵시적으로도 할 수 있는 것이고, 나아가 현명을 하지 아니한 경우라도 여러 사정에 비추어 대리인으로서 행위한 것임을 상대방이 알았거나 알 수 있었을 때에는 민법 제115조 단서의 규정에 의하여 본인에게 효력이 미치는 것이다(대판 2007다14759).

② 현명은 주위의 사정으로부터 본인을 위한 것임이 인정되면 충분하다. 예컨대, 매매위임장을 제시하고 매매계약을 체결하는 자는 매매계약서에 대리관계의 표시 없이 대리인 자신의 이름을 기재하였다 하여도 소유자를 대리하여 매매계약을 체결한 것으로 본다(대판 2000다20069).

(3) 현명하지 않은 경우의 효력

> 제115조【본인을 위한 것임을 표시하지 아니한 행위】대리인이 본인을 위한 것임을 표시하지 아니한 때에는 그 의사표시는 자기를 위한 것으로 본다. 그러나 상대방이 대리인으로서 한 것임을 알았거나 알 수 있었을 때에는 전조 제1항의 규정을 준용한다.

① 원칙: 대리인이 본인을 위한 것임을 표시하지 않은 경우의 의사표시는 대리인 자신을 위한 것으로 본다(제115조 본문). 따라서 상대방은 대리인에 대해서만 계약의 이행을 청구할 수 있다.

② 예외: 대리인이 현명을 하지 않았다 하더라도 상대방이 대리인으로서 한 것임을 알았거나 알 수 있었을 때에는 유효한 대리행위가 성립하고 법률효과가 본인에게 발생한다(제115조 단서).

3. 대리행위의 하자(瑕疵)

> 제116조 【대리행위의 하자】 ① 의사표시의 효력이 의사의 흠결, 사기, 강박 또는 어느 사정을 알았거나 과실로 알지 못한 것으로 인하여 영향을 받을 경우에 그 사실의 유무는 대리인을 표준하여 결정한다.
> ② 특정한 법률행위를 위임한 경우에 대리인이 본인의 지시에 좇아 그 행위를 한 때에는 본인은 자기가 안 사정 또는 과실로 인하여 알지 못한 사정에 관하여 대리인의 부지를 주장하지 못한다.

(1) 원칙 - 대리인 표준

① 의사표시의 효력이 의사의 흠결(비진의표시·허위표시 및 착오), 사기·강박 또는 어느 사정을 알았거나 과실로 알지 못한 것으로 인하여 영향을 받을 경우에 그 사실의 유무는 대리인을 표준하여 결정한다(제116조 제1항). 그러나 대리행위 하자에서 생기는 효과(취소권, 해제권 등)는 본인에게 귀속한다.

② 이중매매: 대리인이 본인을 대리하여 매매계약을 체결함에 있어서 매도인의 배임행위에 적극가담하였다면 설사 본인이 미리 그러한 사정을 몰랐거나 반사회성을 야기한 것이 아니라고 할지라도 그 매매계약은 사회질서에 반한다(대판 97다45532).

(2) 예외 - 본인을 표준

① 특정한 법률행위를 위임한 경우에 대리인이 본인의 지시에 좇아 그 행위를 한 때에는 본인은 자기가 안 사정 또는 과실로 인하여 알지 못한 사정에 관하여 대리인의 부지를 주장하지 못한다(제116조 제2항). 따라서 대리인이 본인의 지시에 따라 매수를 한 경우에는 본인이 매매목적물의 하자를 알고 있었거나 과실로 알지 못했다면 대리인이 알지 못했다 하더라도 본인은 매도인에게 하자담보책임을 물을 수 없다.

② 불공정한 법률행위: 매도인의 대리인이 매매한 경우에 있어서 그 매매가 불공정한 법률행위인가를 판단함에는 매도인의 경솔, 무경험은 대리인을 기준으로 하여 판단하여야 하지만, 궁박상태에 있었는지의 여부는 매도인 본인의 입장에서 판단되어야 한다(대판 71다2255).

4. 대리인의 능력

> 제117조 【대리인의 행위능력】 대리인은 행위능력자임을 요하지 아니한다.

IV. 대리의 효과

1. 법률효과의 본인에의 귀속

대리인이 그 권한 내에서 본인을 위한 것임을 표시한 의사표시는 직접 본인에게 대하여 효력이 생긴다(제114조). 따라서 대리행위로 인한 이행청구권·취소권·해제권·부당이득반환·원상회복 등의 법률효과는 <u>대리인이 아니라 계약의 당사자인 본인이 부담한다.</u>

2. 본인의 능력

(1) 상대방과의 관계

의사능력·행위능력을 갖추지 않아도 되지만 법률행위의 효과가 본인에게 귀속하므로 권리능력은 있어야 한다.

(2) 대리인과의 관계

대리인과 기초적 내부관계(위임계약)를 형성하거나 수권행위를 함에는 행위능력이 필요하다.

V. 복대리(復代理)

1. 의의

① 복대리인이란 대리인이 그 권한범위 내의 행위를 하게 하기 위하여 '대리인 자신의 이름'으로 선임한 '본인의 대리인'을 말한다. 대리인이 복대리인을 선임할 수 있는 권한을 '복임권(復任權)'이라 하고 그 선임행위를 '복임행위'라고 한다.
② 복대리인은 본인의 대리인이지 대리인의 대리인이 아니다. 따라서 복대리인은 대리행위를 할 때 본인을 위한 것임을 표시하면 되고 대리인의 이름을 표시할 필요가 없다.
③ 복대리인을 선임한 뒤에도 대리인의 대리권은 소멸되지 않고, 대리인은 여전히 대리권을 보유한다.

2. 대리인의 복임권과 책임

법정대리인	복임권	법정대리인은 언제든지 복대리인을 선임할 수 있다.
	책임	① 원칙적으로 복대리인의 행위에 대하여 모든 책임을 진다(= 무과실책임). ② 부득이한 사유로 선임한 때에는 선임 및 감독에 관한 책임만 진다.
임의대리인	복임권	① 임의대리인은 원칙적으로 복대리인을 선임할 수 없다. ② 본인의 승낙이 있거나 또는 부득이한 사유가 있는 경우에 예외적으로 복대리인을 선임할 수 있다.
	책임	① 본인의 승낙이나 부득이한 사유로 복대리인을 선임한 경우, 복대리인의 선임 및 감독에 대해 책임을 진다(= 과실책임). ② 다만, 대리인이 본인의 지명에 의하여 복대리인을 선임한 경우에는 복대리인의 부적임 또는 불성실함을 알고 본인에게 통지나 그 해임을 게을리한 때에만 책임을 진다.

3. 복대리인의 지위

> 제123조【복대리인의 권한】 ① 복대리인은 그 권한 내에서 본인을 대리한다.
> ② 복대리인은 본인이나 제삼자에 대하여 대리인과 동일한 권리의무가 있다.

(1) 본인의 대리인

① 복대리인은 본인의 대리인이므로 그 권한 내에서 본인을 위한 것임을 표시하여야 하나(제114조), 대리인의 이름은 표시할 필요가 없다.

② 그 밖의 대리에 관한 일반원칙이 그대로 적용된다. 따라서 대리행위의 하자는 복대리인을 표준으로 결정하고, 표현대리 규정이나 무권대리 규정도 복대리에 적용될 수 있다.

(2) 임의대리인

복대리인은 항상 임의대리인에 해당한다. 즉, 법정대리인이 선임한 복대리인도 임의대리인이다.

(3) 대리인에 의존

복대리인은 대리인에 의해 선임된 자이므로 대리인의 대리권에 의존한다. 따라서 복대리인의 권한은 대리인의 권한을 초과할 수 없고, 대리인의 대리권이 소멸하면 복대리인의 복대리권도 소멸한다.

(4) 동일한 권리·의무

복대리인은 대리인에 의해 선임된 자이지만 그 권한 내에서 본인과 상대방에 대해 대리인과 동일한 권리·의무를 가진다(제123조).

(5) 복대리권의 소멸

① 일반적 소멸사유: 본인의 사망, 복대리인의 사망·성년후견개시·파산 등

② 대리인의 대리권 소멸: 복대리권은 대리인의 사망·성년후견개시·파산, 본인과 대리인 사이의 기초적 내부관계의 종료, 본인의 대리인에 대한 수권행위의 철회 등에 의해서도 소멸한다.

③ 복대리권 자체의 소멸: 대리인과 복대리인 사이의 기초적 내부관계의 종료 및 대리인이 복대리인에 대한 선임행위를 철회한 경우

VI. (협의의) 무권대리

1. 의의

대리권 없이 대리행위를 하는 것을 무권대리(광의의 무권대리)라 한다. 그리고 대리인이 대리권 없이 대리행위를 한 경우에 표현대리라고 볼 수 있는 특별한 사정이 존재하지 않는 경우의 무권대리를 '협의의 무권대리'라고 한다.

2. 계약의 무권대리

(1) 본인에 대한 효과

① 유동적 무효

> 제130조 【무권대리】 대리권 없는 자가 타인의 대리인으로 한 계약은 본인이 이를 추인하지 아니하면 본인에 대하여 효력이 없다.

무권대리는 확정적 무효가 아니고, 유효·무효가 확정되지 않은 무효, 즉 유동적 무효(불확정적 무효)의 상태에 있게 된다. 본인은 추인을 하거나 추인을 거절하여 무권대리의 효력을 확정지을 수 있다.

② 본인의 추인권(追認權)
  ㉠ 의의: 추인은 무권대리행위가 있음을 알고 그 행위의 효과를 자기에게 귀속시키도록 하는 단독행위로서 그 의사표시의 방법에 관하여 일정한 방식이 요구되는 것이 아니므로 명시적이든 묵시적이든 묻지 아니한다(대판 89다카2100).
  ㉡ 추인의 법적 성질: 추인은 상대방이나 무권대리인의 동의나 승낙을 필요로 하지 않는 본인의 일방적 의사표시인 단독행위이고(대판 81다카549), 추인권은 형성권이다. 본인이 추인할 수 있지만 법정대리인이나 본인으로부터 수권을 받은 임의대리인도 추인할 수 있다. 그리고 추인은 사후의 대리권수여가 아니므로 추인했다고 하여 무권대리가 유권대리로 되는 것은 아니다.
  ㉢ 추인의 상대방: 추인의 의사표시는 직접의 상대방이나 그 무권대리행위로 인한 권리 또는 법률관계의 승계인, 무권대리인에게 할 수 있다. 그러나 추인을 상대방에 대하여 하지 아니하면 상대방이 추인 있음을 알지 못한 동안에는 본인은 상대방에게 추인의 효과를 주장하지 못한다(제132조). 따라서 본인이 무권대리인에게 추인했으나 미처 이를 알지 못한 상대방은 철회권을 행사하여 무권대리행위를 확정적으로 무효로 할 수 있다.
  ㉣ 추인의 방법
    ⓐ 추인은 무권대리행위가 있음을 알고 그 행위의 효과를 자기에게 귀속시키도록 하는 단독행위로서 그 의사표시의 방법에 관하여 일정한 방식이 요구되는 것이 아니므로 명시적이든 묵시적이든 묻지 아니한다(대판 89다카2100). 본인이 계약의 이행을 상대방에게 청구하거나 무권대리인이 체결한 매매대금의 전부 또는 일부를 받은 경우(대판 63다64), 무권대리인이 차용한 금전의 반환유예를 채권자에게 요청한 경우(대판 72다2309) 등과 같이 무권대리행위의 유효가 전제되어야만 행하여지는 행위를 한 경우에는 무권대리행위를 추인하였다고 봄이 타당하다.
    ⓑ 그러나 단순히 무권대리행위를 알고서 이의를 제기하지 않고 장시간 방치한 것만으로는 추인이 되지 않고(대판 88다카181), 무권대리행위가 범죄가 되는 경우에 대하여 그 사실을 알고도 장기간 형사고소를 하지 아니하였다 하더라도 그 사실만으로 묵시적인 추인이 있었다고 할 수는 없다(대판 97다31113).
    ⓒ 또한 추인은 의사표시 전부에 대해 행해져야 하고 그 일부에 대해 추인하거나 그 내용을 변경하여 추인한 경우에는 상대방의 동의를 얻지 못하는 한 무효이다(대판 81다카549).
  ㉤ 추인의 효과(소급효 원칙): 무권대리행위의 추인은 다른 의사표시가 없는 때에는 계약 시에 소급하여 효력이 생기나(제133조 본문), 제3자의 권리를 해하지 못한다(제133조 단서). 따라서 무권대리행위에 대하여 본인의 추인이 있으면 무권대리행위는 처음부터 유권대리행위이었던 것과 마찬가지로 다루어진다.

③ 본인의 추인거절권(拒絶權)
　㉠ 의의: 추인을 거절한 경우에는 무권대리행위는 확정적으로 무효가 되므로 본인은 이를 번복하여 추인할 수 없고, 상대방도 철회권이나 최고권을 행사할 수 없다.
　㉡ 추인거절의 상대방 및 방법은 추인과 동일하다.
　㉢ 무권대리와 상속: 무권대리인이 본인을 단독상속한 경우에 상대방이 선의·무과실이라면 무권대리인은 본인의 지위에서 추인을 거절할 수 없다. 즉, 甲이 대리권 없이 乙 소유 부동산을 丙에게 매도하여 소유권이전등기를 경료해준 후 甲이 乙을 상속한 경우, 원래 자신의 매매행위가 무권대리행위여서 무효였다는 이유로 소유권이전등기의 말소를 청구하는 것은 금반언의 원칙이나 신의성실의 원칙에 반하여 허용될 수 없다(대판 94다20617).

(2) 상대방에 대한 효과
① 상대방의 최고권(催告權)

> **제131조 【상대방의 최고권】** 대리권 없는 자가 타인의 대리인으로 계약을 한 경우에 상대방은 상당한 기간을 정하여 본인에게 그 추인 여부의 확답을 최고할 수 있다. 본인이 그 기간 내에 확답을 발하지 아니한 때에는 추인을 거절한 것으로 본다.

　㉠ 의의: 본인의 추인 여부에 따라 계약 상대방의 지위가 불안정하므로 상대방이 본인에 대하여 무권대리행위를 추인할 것인지 여부를 독촉하는 것을 말한다. 이는 의사표시가 아닌 의사의 통지로서 준법률행위에 해당하며, 상대방의 선의뿐만 아니라 상대방이 계약 당시에 무권대리행위임을 알았을 경우, 즉 악의의 경우라도 인정된다.
　㉡ 상대방: 최고의 상대방은 본인이나 본인의 법정대리인에게 할 수는 있으나, 무권대리인에게는 할 수가 없다.
　㉢ 효과: 본인이 상당한 기간 내에 확답을 발하지 아니한 때에는 추인을 거절한 것으로 본다.

② 상대방의 철회권(撤回權)

> **제134조 【상대방의 철회권】** 대리권 없는 자가 한 계약은 본인의 추인이 있을 때까지 상대방은 본인이나 그 대리인에 대하여 이를 철회할 수 있다. 그러나 계약 당시에 상대방이 대리권 없음을 안 때에는 그러하지 아니하다.

　㉠ 의의: 매매계약 당시 대리인에게 대리권 없음을 알지 못한 선의의 상대방만이 본인이 추인하기 전에 철회할 수 있으며, 악의의 상대방에게는 철회권이 인정되지 않는다.
　㉡ 상대방: 철회의 의사표시는 본인이나 무권대리인에게 한다.
　㉢ 효과: 철회권을 행사하면 계약이 확정적 무효로 되어 본인은 추인할 수 없고, 상대방은 무권대리인에게 계약의 이행이나 손해배상책임을 물을 수 없다.

(3) 무권대리인의 상대방에 대한 책임

> **제135조【상대방에 대한 무권대리인의 책임】** ① 다른 자의 대리인으로서 계약을 맺은 자가 그 대리권을 증명하지 못하고 또 본인의 추인을 받지 못한 경우에는 그는 상대방의 선택에 따라 계약을 이행할 책임 또는 손해를 배상할 책임이 있다.
> ② 대리인으로서 계약을 맺은 자에게 대리권이 없다는 사실을 상대방이 알았거나 알 수 있었을 때 또는 대리인으로서 계약을 맺은 사람이 제한능력자일 때에는 제1항을 적용하지 아니한다.

① 책임발생의 요건
  ㉠ 본인의 추인을 얻지 못하고 표현대리가 성립하지 않아야 한다.
  ㉡ 무권대리인이 대리권을 증명하지 못해야 한다.
  ㉢ 상대방이 철회권을 행사하지 않아야 한다.
  ㉣ 상대방이 무권대리인에게 대리권 없음을 알지 못하고 또한 알지 못한 것에 과실이 없어야 한다(상대방의 선의·무과실). 상대방이 알았거나 알 수 있었다는 증명책임은 무권대리인에게 있다(대판 61다202).
  ㉤ 무권대리인은 제한능력자가 아니어야 한다.

② **책임의 성격**: 대리권이 있다고 믿었던 상대방을 보호함으로써 거래안전을 기하기 위하여 무권대리인의 귀책사유(고의 또는 과실)를 요하지 않는 무과실 책임이다. 따라서 무권대리인이 과실없이 제3자의 기망 등 위법행위로 야기된 경우라도, 특별한 사정이 없는 한 무권대리인은 상대방에게 책임을 진다(대판 2013다213038).

③ **책임의 내용**: 무권대리인은 상대방의 선택에 좇아 계약의 이행 또는 손해배상의 책임이 있다.

3. 단독행위의 무권대리

> **제136조【단독행위와 무권대리】** 단독행위에는 그 행위 당시에 상대방이 대리인이라 칭하는 자의 대리권 없는 행위에 동의하거나 그 대리권을 다투지 아니한 때에 한하여 전 6조의 규정을 준용한다. 대리권 없는 자에 대하여 그 동의를 얻어 단독행위를 한 때에도 같다.

(1) 상대방 없는 단독행위

소유권의 포기와 같은 상대방 없는 단독행위의 무권대리행위는 항상 확정적으로 무효이고, 본인의 추인에 의하여 유효하게 될 여지가 없고, 무권대리인의 책임도 생기지 않는다.

(2) 상대방 있는 단독행위

상대방 있는 단독행위의 무권대리도 원칙적으로 무효이나 예외적으로 상대방이 대리인이라 칭하는 자의 대리권 없는 행위에 동의하거나 그 대리권을 다투지 않은 때에는 계약의 무권대리의 규정이 준용되어(제136조 전문), 본인은 추인하여 유효로 할 수 있고, 상대방은 최고나 철회를 할 수 있다.

Ⅶ. 표현대리(表見代理)

1. 서설

(1) 의의

표현대리제도는 대리인에게 대리권이 없음에도 불구하고 마치 대리권이 있는 것과 같은 외관이 있고 그러한 외관의 발생에 관하여 본인이 어느 정도의 원인을 주고 있는 경우에 그 무권대리행위에 대하여 본인이 책임을 지게 함으로써 그러한 외관을 믿은 선의·무과실의 제3자를 보호하고 거래의 안전을 보장하며 나아가서 대리제도의 신용을 유지하려는 데 그 목적이 있다(대판 80다1475).

(2) 표현대리의 성질

① **무권대리**: 표현대리는 본질적으로 무권대리의 일종이므로 표현대리가 성립된다고 하여 무권대리의 성질이 유권대리로 전환되는 것은 아니다. 유권대리에 관한 주장 속에 무권대리에 속하는 표현대리의 주장이 포함되어 있다고 볼 수 없다(대판 83다카1489 전합).

② **상대방 보호**

  ㉠ 표현대리는 외관을 신뢰한 상대방을 보호하기 위한 제도이므로 표현대리인과 거래한 직접 상대방만이 주장할 수 있고, 본인이나 전득자는 표현대리를 주장할 수 없다.
  ㉡ 또한 표현대리인과 거래한 상대방이 선의·무과실이어야 표현대리가 성립한다.

(3) 표현대리의 효과

표현대리가 성립하면 본인과 상대방 사이에 처음부터 대리권이 있는 것과 같은 효과가 발생하여 본인이 전적인 책임을 져야 하고, 상대방에게 과실이 있다고 하더라도 과실상계의 법리를 유추적용하여 본인의 책임을 경감할 수 없다(대판 95다49554).

2. 대리권수여의 표시에 의한 표현대리

> **제125조【대리권수여의 표시에 의한 표현대리】** 제삼자에 대하여 타인에게 대리권을 수여함을 표시한 자는 그 대리권의 범위 내에서 행한 그 타인과 그 제삼자 간의 법률행위에 대하여 책임이 있다. 그러나 제삼자가 대리권 없음을 알았거나 알 수 있었을 때에는 그러하지 아니하다.

(1) 의의

① 대리권수여의 표시에 의한 표현대리란 본인이 제3자에 대하여 타인에게 대리권을 수여하였음을 표시하였으나, 실제로는 대리권을 수여하지 않은 경우에 성립하는 표현대리를 말한다.
② 가령 甲이 乙을 대리인으로 선임한다는 취지의 광고를 내고 그것을 본 丙이 乙을 甲의 대리인으로 믿고 거래를 하였다면, 실제로 甲이 乙에게 대리권을 수여하지 않았더라도 甲에게 책임을 부담시키는 것이다.

(2) 성립요건

① 대리권수여(授與)의 표시를 하였을 것
- ㉠ 대리권수여 표시를 해야 하므로 임의대리에만 적용되고 법정대리에는 적용되지 않는다. 대리권수여 표시의 방법에는 제한이 없다. 위임장을 작성하는 것이 보통이지만 서면이나 구두로, 명시적으로나 묵시적으로 할 수 있고, 특정의 제3자에게 하든 신문광고 등으로 불특정인에 하든 무방하다.
- ㉡ 대리권수여의 표시에 의한 표현대리는 본인과 대리행위를 한 자 사이의 기본적인 법률관계의 성질이나 그 효력의 유무와는 직접적인 관계가 없이 어떤 자가 본인을 대리하여 제3자와 법률행위를 함에 있어 본인이 그 자에게 대리권을 수여하였다는 표시를 제3자에게 한 경우에 성립될 수가 있다(대판 97다53762).
- ㉢ 본인에 의한 대리권수여의 표시는 반드시 대리권 또는 대리인이라는 말을 사용하여야 하는 것이 아니라 사회통념상 대리권을 추단할 수 있는 직함이나 명칭 등의 사용을 승낙 또는 묵인한 경우에도 대리권수여의 표시가 있은 것으로 볼 수 있다(대판 97다53762).

② 표시된 대리권 범위 내의 대리행위를 하였을 것: 대리인으로 표시된 자가 표시된 대리권의 범위 내에서 대리행위를 해야 하고 그 범위를 넘으면 제126조의 표현대리가 성립할 수 있다.

③ 상대방이 선의 및 무과실일 것
- ㉠ 표현대리에 해당하기 위하여는 상대방은 선의·무과실이어야 하므로 상대방에게 과실이 있다면 제125조의 표현대리를 주장할 수 없다(대판 96다51271).
- ㉡ 여기서 상대방은 표현대리행위의 직접 상대방만을 말하며 그로부터 전득한 전득자는 이에 해당되지 않는다.
- ㉢ 상대방의 악의 또는 과실에 대한 입증책임은 본인 측에 있다.

3. 권한을 넘은 표현대리(월권대리, 越權代理)

> 제126조【권한을 넘은 표현대리】대리인이 그 권한 외의 법률행위를 한 경우에 제삼자가 그 권한이 있다고 믿을 만한 정당한 이유가 있는 때에는 본인은 그 행위에 대하여 책임이 있다.

(1) 의의

① 권한을 넘은 표현대리란 대리인이 가지고 있는 기본대리권의 범위를 넘어서 대리행위를 한 것을 말한다.
② 예컨대, 甲은 乙에게 토지를 담보로 은행대출을 하고 저당권설정의 대리권을 주었는데, 乙이 그 토지를 丙에게 매각하는 대리행위를 한 경우이다.

(2) 성립요건

① 기본대리권이 존재할 것

 ㉠ 기본대리권은 있어야 하므로 전혀 아무 대리권이 없는 자에게 대하여 대리권한의 유월 또는 소멸 후의 표현대리관계는 성립할 여지가 없다(대판 4294민상483). 법정대리권도 기본대리권이 될 수 있다. 민법 제126조 소정의 권한을 넘는 표현대리 규정은 거래의 안전을 도모하여 거래상대방의 이익을 보호하려는 데에 그 취지가 있으므로 <u>법정대리라고 하여 임의대리와는 달리 그 적용이 없다고 할 수 없고</u>, 따라서 한정치산자의 후견인이 친족회의 동의를 얻지 않고 피후견인의 부동산을 처분하는 행위를 한 경우에도 상대방이 친족회의 동의가 있다고 믿은 데에 정당한 사유가 있는 때에는 본인인 한정치산자에게 그 효력이 미친다(대판 97다382).

 ㉡ 대리인이 사자 내지 임의로 선임한 복대리인을 통하여 권한 외의 법률행위를 한 경우, 상대방이 그 행위자를 대리권을 가진 대리인으로 믿었고 또한 그렇게 믿는 데에 정당한 이유가 있는 때에는, 복대리인 선임권이 없는 대리인에 의하여 선임된 복대리인의 권한도 기본대리권이 될 수 있을 뿐만 아니라, 그 행위자가 사자라고 하더라도 대리행위의 주체가 되는 대리인이 별도로 있고 그들에게 본인으로부터 기본대리권이 수여된 이상, 민법 제126조를 적용함에 있어서 기본대리권의 흠결 문제는 생기지 않는다(대판 97다48982).

 ㉢ 기본대리권이 등기신청행위(공법상 행위)라 할지라도 표현대리인이 그 권한을 유월하여 대물변제(사법상 행위)를 한 경우에는 표현대리의 법리가 적용된다(대판 78다282).

 ㉣ 부부 간의 일상가사대리권도 기본대리권이 될 수 있다. 즉, 일상가사대리권을 기초로 하여 문제된 행위에 관한 특별수권이 있다고 믿을 만한 정당한 이유가 있는 경우에 제126조의 표현대리가 적용된다(대판 98다18988).

 ㉤ 표현대리권도 기본대리권이 될 수 있다. 제125조의 대리권의 수여의 표시를 한 때 그 표시된 범위를 넘은 행위를 한 경우 및 과거에 가졌던 대리권이 소멸되어 민법 제129조에 의하여 표현대리로 인정되는 경우에 그 표현대리의 권한을 넘는 대리행위가 있을 때에는 민법 제126조에 의한 표현대리가 성립할 수 있다(대판 79다234).

 ㉥ 기본대리권은 법률행위에 한정되고 사실행위는 기본대리권에 포함되지 않는다. 증권회사로부터 위임받은 고객의 유치, 투자상담 및 권유, 위탁매매 약정실적의 제고 등의 업무는 사실행위에 불과하므로 이를 기본대리권으로 하여서는 권한초과의 표현대리가 성립할 수 없다(대판 91다32190).

② 기본대리권의 범위를 넘는 대리행위를 할 것

 ㉠ 대리행위가 있을 것

  ⓐ 민법 제126조의 표현대리는 대리인이 본인을 위한다는 의사를 명시 혹은 묵시적으로 표시하거나 대리의사를 가지고 권한 외의 행위를 하는 경우에 성립한다(대판 2001다49814).

  ⓑ 따라서 사술을 써서 대리행위의 표시를 하지 아니하고 단지 본인의 성명을 모용하여 자기가 마치 본인인 것처럼 기망하여 본인 명의로 직접 법률행위를 한 경우(대판

2001다49814), 타인으로부터 위임받은 등기서류를 이용하거나 위조하여 자신명의로 등기한 후 제3자에게 양도하거나 담보제공한 경우에는 표현대리가 성립하지 않는다(대판 71다2365).

ⓒ 다만, 본인으로부터 아파트에 관한 임대 등 일체의 관리권한을 위임받아 본인으로 가장하여 아파트를 임대한 바 있는 대리인이 다시 자신을 본인으로 가장하여 임차인에게 아파트를 매도하는 법률행위를 한 경우에는 권한을 넘은 표현대리의 법리를 유추적용하여 본인에 대하여 효력이 미친다(대판 92다52436).

ⓒ 월권행위(越權行爲)가 있을 것: 기본대리권의 내용이 되는 행위와 표현대리행위는 반드시 동종·유사할 필요는 없고 전혀 별개의 것이라도 무방하다(대판 69다548).

ⓒ 대리행위가 무효가 아닐 것: 대리행위가 강행법규 위반으로 무효인 경우 또는 비법인사단인 교회의 대표자, 종중의 대표자 등이 사원총회의 결의를 거쳐야 하는 총유에 속하는 재산의 처분에 관하여 사원총회의 결의를 거치지 아니하고 처분함으로써 무효인 경우에는 제126조 표현대리에 관한 규정이 적용되지 아니한다.

③ 제3자가 대리권한이 있다고 믿는 데 정당한 이유(正當한 理由)가 있을 것

ⓒ 제3자란 제125조 및 제129조의 경우와 마찬가지로 표현대리행위의 직접 상대방이 된 자만을 말하며, 전득자는 제3자에 해당하지 않는다.

ⓒ 정당한 이유란 선의 및 무과실을 말하고, 정당한 이유의 판단시기는 자칭 대리인의 대리행위 당시를 기준으로 한다. 그 이후의 사정은 고려해서는 안 된다(대판 86다카2475).

ⓒ 정당한 이유의 입증책임에 대해 제126조의 표현대리행위로 인정된다는 점의 입증책임은 상대방에게 있다(대판 68다694).

4. 대리권소멸 후의 표현대리

> **제129조【대리권소멸 후의 표현대리】** 대리권의 소멸은 선의의 제삼자에게 대항하지 못한다. 그러나 제삼자가 과실로 인하여 그 사실을 알지 못한 때에는 그러하지 아니하다.

(1) 의의

대리인에게 주어진 대리권이 소멸하여 이제 대리인이 아닌 자가 대리행위를 한 경우에 현재도 대리권이 있다고 믿고 그와 거래한 선의·무과실의 상대방을 보호하기 위하여 인정되는 표현대리이다. 예컨대 수금에 대한 대리권이 있는 영업사원이 해고된 이후에도 계속하여 이를 모르는 고객과 계약을 체결하고 수금을 하는 경우이다.

(2) 성립요건

① 존재하던 대리권이 소멸하였을 것

ⓒ 이전에 존재하였던 대리권이 대리행위 당시에 소멸한 상태여야 한다. 따라서 수권행위가 무효가 되어 처음부터 대리권이 전혀 없었던 경우라면 제129조가 적용되지 않는다.

ⓛ 대리인이 대리권소멸 후 복대리인을 선임하여 복대리인으로 하여금 상대방과 사이에서 대리행위를 하도록 한 경우에, 상대방이 대리권소멸사실을 알지 못하여 복대리인에게 적법한 대리권이 있는 것으로 믿었고 그와 같이 믿는 데 과실이 없다면 제129조의 표현대리가 성립할 수 있다(대판 97다55317).
ⓒ 제129조는 임의대리·법정대리에 모두 적용된다[미성년자의 모가 미성년자가 성년으로 된 뒤, 그의 토지를 매매한 경우(대판 74다1199)].
② 소멸된 대리권의 범위 내에서 대리행위가 행해질 것: 대리행위가 소멸되기 전의 대리권의 범위 내에서 이루어져야 하고 그 범위를 넘은 대리행위에는 제126조(권한을 넘은 표현대리)가 적용된다(대판 2007다74713).
③ 상대방은 선의·무과실일 것
 ㉠ 상대방은 대리행위의 직접 상대방만을 말하고 그 상대방과 거래한 전득자는 포함하지 않는다.
 ㉡ 상대방은 대리권의 소멸에 관해 선의이고 무과실이어야 한다.

제5절 ┃ 법률행위의 무효와 취소

구분	무효	취소
기본적 효과	특정인의 행위를 기다리지 않고 처음부터 당연히 효력이 발생하지 않는다.	성립 당시의 하자를 이유로 취소권자의 취소권 행사로 소급하여 무효가 된다.
주장권자	누구든지 주장할 수 있다.	취소권자에 한하여 주장할 수 있다.
주장기간	언제까지나 주장할 수 있다. 따라서 장기간 방치하더라도 무효원인이 치유되지 않는다.	추인할 수 있는 날로부터 3년, 법률행위를 한 날로부터 10년 내에 행사해야 한다.
추인	무효인 법률행위가 추인에 의하여 유효로 될 수 없고 그때부터 새로운 법률행위를 한 것으로 본다.	유동적 유효인 취소할 수 있는 법률행위를 추인하면 확정적 유효로 된다.
부당이득 반환의무	부당이득반환의무 부담(단, 취소의 경우에는 제한능력자 보호규정 있음)	

Ⅰ. 법률행위의 무효

1. 서설

(1) 무효의 의의

① 법률행위가 성립요건은 갖추었으나 효력요건을 결하여 법률상 당연히 그 효력이 없는 것을 말한다.
② 법률행위의 무효는 이를 주장할 이익이 있는 자는 누구든지 무효를 주장할 수 있다.

(2) 법률행위의 불성립과 무효의 구별

법률행위의 무효는 법률행위가 성립된 것을 전제로 하므로, 법률행위의 불성립(부존재)에서는 무효가 문제될 여지가 없다. 따라서 법률행위의 불성립의 경우는 법률행위의 일부무효(제137조), 무효행위의 전환(제138조), 무효인 법률행위의 추인(제139조)의 규정이 적용될 수 없다.

(3) 무효의 일반적 효과

무효인 법률행위는 그 법률행위가 성립한 당초부터 당연히 효력이 발생하지 않는 것이므로, 무효인 법률행위에 따른 법률효과를 침해하는 것처럼 보이는 위법행위나 채무불이행이 있다고 하여도 법률효과의 침해에 따른 손해는 없는 것이므로 그 손해배상을 청구할 수는 없다(대판 2002다72125).

2. 무효의 종류

(1) 절대적 무효와 상대적 무효

절대적 무효 (제3자에 대한 관계에서도 무효)	의사무능력자의 법률행위, 강행규정, 사회질서 위반의 법률행위, 불공정한 법률행위 등
상대적 무효 (선의의 제3자에게 주장할 수 없는 무효)	비진의표시와 허위표시

(2) 확정적 무효와 유동적 무효

확정적 무효	의사무능력자의 법률행위, 원시적 불능의 법률행위, 사회질서 위반의 법률행위, 불공정한 법률행위, 강행규정 위반의 법률행위, 불법조건이 붙은 법률행위, 물권법정주의에 위반한 경우
유동적 무효	토지거래허가를 받지 않은 토지매매, 무권대리행위, 정지조건부 법률행위

3. 일부무효

> **제137조【법률행위의 일부무효】** 법률행위의 일부분이 무효인 때에는 그 전부를 무효로 한다. 그러나 그 무효부분이 없더라도 법률행위를 하였을 것이라고 인정될 때에는 나머지 부분은 무효가 되지 아니한다.

(1) 원칙 – 전부무효

법률행위 일부가 무효인 경우에는 원칙적으로 그 전부를 무효로 한다(제137조).

(2) 예외 – 일부유효

① 무효부분이 없더라도 법률행위를 하였을 것이라고 인정될 때에는 나머지 부분은 무효가 되지 않는다(제137조 단서).
② 민법 제137조는 임의규정으로서 의사자치의 원칙이 지배하는 영역에서 적용된다.
③ 일부무효의 법리는 법률행위의 일부취소에도 유추적용된다.

4. 무효행위의 전환

> **제138조 【무효행위의 전환】** 무효인 법률행위가 다른 법률행위의 요건을 구비하고 당사자가 그 무효를 알았더라면 다른 법률행위를 하는 것을 의욕하였으리라고 인정될 때에는 다른 법률행위로서 효력을 가진다.

① 무효행위의 하자가 치유되어 유효한 법률행위로 되는 것이 아니라, 무효인 법률행위가 다른 법률행위로서의 효력이 발생한다.
② 의사무능력으로 인해 법률행위가 무효인 경우에는 무효행위의 전환이 인정되지 않는다(다른 법률행위의 요건을 구비하지 못하므로).
③ 불공정한 법률행위에 해당하여 무효인 경우에도 무효행위의 전환에 관한 민법 제138조가 적용된다(매매대금의 과다인 경우에 대금을 다른 액으로 정하여 매매계약을 하였으리라고 예외적으로 인정되는 경우).

5. 무효행위의 추인(追認)

> **제139조 【무효행위의 추인】** 무효인 법률행위는 추인하여도 그 효력이 생기지 아니한다. 그러나 당사자가 그 무효임을 알고 추인한 때에는 새로운 법률행위로 본다.

(1) 의의

무효행위의 추인(제139조)은 확정적으로 무효인 법률행위를 장래에 향하여 새로운 법률행위를 한 것으로 보나, 무권대리행위의 추인(제133조)은 유동적인 무효상태에 있는 법률행위가 계약시에 소급하여 유효가 된다. 무권리자의 처분에 대한 추인도 무권리대리행위의 추인에 관한 제133조가 유추적용된다.

(2) 추인의 요건

① 무효행위가 추인가능한 법률행위이어야 하므로 강행법규 위반행위, 반사회질서 행위·불공정한 법률행위는 추인에 의해 유효해질 수 없다. 무효행위의 추인은 의사표시의 흠결인 비진의표시나 허위표시로 인한 무효의 경우에 주로 인정된다.
② 법률행위가 무효임을 알고 추인하여야 한다.
③ 무효원인이 소멸한 후에 하여야 한다.

> **판례**
>
> 취소한 법률행위는 처음부터 무효인 것으로 간주되므로 취소할 수 있는 법률행위가 일단 취소된 이상 그 후에는 취소할 수 있는 법률행위의 추인에 의하여 이미 취소되어 무효인 것으로 간주된 당초의 의사표시를 다시 확정적으로 유효하게 할 수는 없고, 다만 무효인 법률행위의 추인의 요건과 효력으로서 추인할 수는 있으나, 무효행위의 추인은 그 무효 원인이 소멸한 후에 하여야 그 효력이 있고, 따라서 강박에 의한 의사표시임을 이유로 일단 유효하게 취소되어 당초의 의사표시가 무효로 된 후에 추인한 경우 그 추인이 효력을 가지기 위하여는 그 무효 원인이 소멸한 후일 것을 요한다고 할 것인데, 그 무효 원인이란 바로 위 의사

> 표시의 취소사유라 할 것이므로 결국 무효 원인이 소멸한 후란 것은 당초의 의사표시의 성립 과정에 존재하였던 취소의 원인이 종료된 후, 즉 강박 상태에서 벗어난 후라고 보아야 한다(대판 95다38240).

④ 묵시적 추인도 가능하다.

6. 유동적 무효(토지거래허가제)

(1) 의의

법률행위가 일정한 요건을 갖추면 소급적으로 유효가 되지만 그 요건을 갖추지 않는 한 무효인 상태를 말한다. 이러한 유동적 무효로서 대표적인 예가 부동산 거래신고 등에 관한 법률상 토지거래허가구역에서 허가받지 않은 토지의 매매이다.

(2) 토지거래허가를 받기 전의 법률관계

① 토지거래허가를 받기 전에는 계약은 (유동적) 무효이다. 무효이므로 물권적 효력은 물론 채권적 효력도 발생하지 아니한다. 따라서 계약 내용에 따른 어떠한 의무도 부담하지 아니하므로 어떠한 이행청구도 할 수 없고, 채무불이행을 이유로 계약을 (법정)해제하거나 손해배상을 청구할 수도 없다. 이행청구권이 부정되므로 소유권이전등기청구권을 피보전권리로 한 부동산처분금지가처분신청은 허용되지 않는다.

② 협력의무
  ㉠ 협력의무 소구(訴求) 가능: 그 계약이 효력 있는 것으로 완성될 수 있도록 서로 협력할 의무가 있으므로 이러한 의무에 위배하여 허가신청절차에 협력하지 않는 당사자에 대하여 상대방은 협력의무의 이행을 소로써 구할 수 있다.
  ㉡ 계약해제 불인정: 협력의무는 부수적 의무이므로 협력할 의무를 이행하지 아니하였음을 들어 일방적으로 유동적 무효의 상태에 있는 거래계약 자체를 해제할 수 없다(대판 98다40459 전합).
  ㉢ 손해배상 인정: 협력의무불이행과 인과관계가 있는 손해배상은 청구할 수 있다.
  ㉣ 동시이행관계 불인정: 협력의무와 대금지급의무는 동시이행관계에 있는 것은 아니므로, 매도인은 매매대금지급의 불이행을 이유로 협력의무의 이행을 거절할 수 없다.

③ 계약금
  ㉠ 부당이득반환청구 불가: 토지거래허가가 있기 전에 계약금을 교부한 당사자는 미허가를 이유로 계약의 무효를 주장하여 계약금의 반환을 부당이득으로 청구할 수 없다(대판 91다21435). 다만, 불허가처분으로 확정적으로 무효로 되었을 때에는 비로소 부당이득으로 그 반환을 구할 수 있다(대판 91다33766).
  ㉡ 계약금에 의한 (임의)해제 가능: 유동적 무효상태에서도 계약금에 의한 계약해제(제565조)가 가능하므로 교부자는 계약금을 포기하고, 수령자는 배액을 상환하고 계약을 해제할 수 있다.

(3) 효력의 확정

확정적 유효가 되는 경우	① 허가를 받으면 소급하여 유효한 계약이 되므로 허가 후에 거래계약을 새로 체결할 필요는 없다(대판 98다40459 전합). ② 허가구역 지정을 해제하거나 기간 만료 후에 재지정을 하지 않은 경우
확정적 무효가 되는 경우	① 불허가 ② 허가를 배제하거나 잠탈하는 내용으로 매매계약이 체결된 경우에는 체결된 때부터 확정적으로 무효이다(허가구역 지정이 해제되어도 이미 확정적으로 무효로 된 계약이 유효로 되는 것이 아니다). ③ 당사자 쌍방이 허가신청협력의무 이행거절의사를 명백히 표시한 경우 또는 당사자 쌍방이 허가신청을 하지 않기로 의사표시를 명백히 한 때 ④ 토지거래허가구역 내의 토지거래계약이 확정적으로 무효가 된 경우, 그 계약이 무효로 되는데 책임 있는 사유가 있는 자도 무효를 주장할 수 있다.

Ⅱ. 법률행위의 취소

1. 의의

① 일단 유효하게 성립한 법률행위의 효력을 성립상의 하자를 이유로 성립 당시에 소급하여 소멸시키는 일방적 의사표시(단독행위)를 말한다. 취소권자의 취소의 의사표시가 있으면 법률행위는 처음부터 무효인 것으로 간주되나, 취소의 의사표시가 있기 전까지는 일응 유효한 법률행위로서 법률효과를 가지며(유동적 유효), 추인 내지 취소권의 포기가 있거나 법정기간의 경과로 취소권이 소멸하면 처음부터 유효한 법률행위로 확정된다.
② 취소할 수 있는 법률행위는 취소권을 가진 자만이 취소할 수 있다. 취소할 수 있는 지위를 하나의 권리로 파악한 것이 취소권이며, 취소권은 취소권자의 일방적 의사표시에 의하여 법률관계의 변동을 가져오는 것이므로 형성권(形成權)이다.
③ 취소할 수 있는 사유는 민법 제140조 내지 제146조에 규정된 것으로 법정되어 있는데 이는 제한능력자의 법률행위나 착오·사기·강박에 의한 의사표시를 한 경우이다.
④ 제한능력자가 의사무능력상태에서 법률행위를 한 경우, 의사무능력자가 비진의표시 또는 허위표시를 한 경우, 채무자의 허위표시가 채권자취소권의 목적이 되는 경우처럼 무효인 법률행위에 대하여도 취소사유가 있으면 취소권을 선택적으로 행사할 수 있다.

2. 취소의 당사자 및 취소의 방법

(1) 취소권자(제140조)

> 제140조【법률행위의 취소권자】취소할 수 있는 법률행위는 제한능력자, 착오로 인하거나 사기·강박에 의하여 의사표시를 한 자, 그의 대리인 또는 승계인만이 취소할 수 있다.

① 제한능력자, 착오·사기·강박에 의하여 의사표시를 한 자: 제한능력자는 자신이 한 행위를 단독으로 취소할 수 있으며 그 취소를 함에는 법정대리인의 동의가 필요없다. 따라서 제한능력

자가 단독으로 취소의 의사표시를 하더라도 그 취소의 의사표시를 제한능력을 이유로 다시 취소할 수는 없다.

② 대리인

③ 승계인: 포괄승계인이든 특정승계인이든 관계없다.

(2) 취소의 상대방

> 제142조【취소의 상대방】취소할 수 있는 법률행위의 상대방이 확정한 경우에는 그 취소는 그 상대방에 대한 의사표시로 하여야 한다.

취소의 상대방은 취소할 수 있는 법률행위의 직접 상대방(포괄승계인)에게만 취소권을 행사할 수 있다. 특정승계인은 상대방에 해당하지 않는다.

(3) 취소의 방법

① 취소권의 행사

㉠ 취소권은 형성권이므로 취소권자의 일방적 의사표시에 의한다. 따라서 취소는 단독행위로서 원칙적으로 조건이나 기한을 붙일 수 없다.

㉡ 취소는 특정한 방식이 요구되는 것이 아니고, 반드시 명시적일 필요도 없으며 묵시적으로도 가능하다. 또한 취소원인의 진술 없이도 취소의 의사표시는 유효하다(대판 2004다43824).

㉢ 법률행위의 취소를 당연한 전제로 한 소송상의 이행청구나 이를 전제로 한 이행거절 가운데는 취소의 의사표시가 포함되어 있다고 볼 수 있다.

② 법률행위의 일부취소

㉠ 일부무효의 법리는 법률행위의 일부취소에도 유추적용된다(대판 93다31191). 따라서 근저당권설정계약은 금전소비대차계약과 결합하여 그 전체가 경제적·사실적으로 일체로서 행하여진 것이고 더욱이 근저당권설정계약의 체결원인이 되었던 채권자의 기망행위는 금전소비대차계약에도 미쳤으므로 채권자의 기망을 이유로 한 채무자의 근저당권설정계약취소의 의사표시는 법률행위 일부취소의 법리에 따라 소비대차계약을 포함한 전체에 대하여 취소의 효력이 있다(대판 93다31191).

㉡ 다만, 하나의 법률행위의 일부분에만 취소사유가 있다고 하더라도 그 법률행위가 가분적이거나 그 목적물의 일부가 특정될 수 있다면 그 나머지 부분이라도 유지하려는 당사자의 가정적 의사가 인정되는 경우에 그 일부만의 취소도 가능하다(대판 2002다21509).

3. 취소의 효과

> 제141조【취소의 효과】취소된 법률행위는 처음부터 무효인 것으로 본다. 다만, 제한능력자는 그 행위로 인하여 받은 이익이 현존하는 한도에서 상환(償還)할 책임이 있다.

(1) 소급적 무효

취소할 수 있는 법률행위를 취소하면 법률행위는 처음부터 무효인 것으로 본다(제141조). 착오, 사기·강박을 이유로 하는 취소의 효과는 상대적이어서 선의의 제3자에게 대항할 수 없으나 제한능력자임을 이유로 하는 취소의 효과는 절대적이어서 선의의 제3자에게도 대항할 수 있다.

(2) 부당이득 반환의무

① 원칙
  ㉠ 취소를 하면 소급하여 무효가 되므로 이행 전이라면 이행할 필요가 없게 되고, 이행한 후라면 이행을 받은 자는 부당이득으로서 반환의무가 생긴다.
  ㉡ 따라서 선의의 수익자는 그 받은 이익이 현존하는 한도에서 반환해야 하나 악의의 수익자는 그 받은 이익에 이자를 붙여 반환하고 손해가 있으면 이를 배상해야 한다(제748조).

② 제한능력자의 반환범위에 관한 특칙
  ㉠ 현존이익 반환의무: 제한능력자는 선의·악의를 불문하고 취소된 법률행위로 인하여 '받은 이익이 현존하는 한도'에서 반환하면 된다(제141조 단서). 민법 제141조의 단서는 의사무능력자의 법률행위가 무효가 되는 경우에도 유추적용한다.
  ㉡ 입증책임: 부당이득자가 취득한 이득은 현존하는 것으로 추정되므로 제한능력자가 현존 이익 없음을 증명하여야 한다.

4. 취소할 수 있는 법률행위의 추인

(1) 임의추인(의사표시에 의한 추인)

① 의의: 취소할 수 있는 법률행위를 취소하지 않고서 확정적으로 유효화 하겠다는 추인권자의 의사표시를 말한다(취소권의 포기).

② 추인권자 및 추인의 방법
  ㉠ 추인권자: 추인을 할 수 있는 자는 취소권자와 동일하다.
  ㉡ 추인의 방법: 추인은 취소할 수 있는 법률행위의 상대방에 대한 의사표시로 하고, 추인은 불요식행위이며, 묵시적 추인도 가능하다.

③ 추인의 요건
  ㉠ 추인은 '취소의 원인이 소멸(종료)한 후'에 하여야 한다.
  ㉡ 취소할 수 있는 행위임을 알고서 추인의 의사표시를 할 때에만 법률행위의 효력을 유효로 확정시키는 효력이 발생한다.

④ 추인의 효과
  ㉠ 확정적 유효: 추인 후에는 취소하지 못하므로 그 법률행위는 그때부터 확정적으로 유효가 된다. 따라서 추인하면 다시 취소하지 못한다.
  ㉡ 취소한 법률행위의 추인(무효행위의 추인): 취소한 법률행위는 처음부터 무효인 것으로 간주되므로 취소할 수 있는 법률행위가 일단 취소된 이상 그 후에는 취소할 수 있는 법률행위의 추인에 의하여 이미 취소되어 무효인 것으로 간주된 당초의 의사표시를 다시 확

정적으로 유효하게 할 수는 없고, 다만 무효인 법률행위의 추인의 요건과 효력으로서 추인할 수는 있으나, 무효행위의 추인은 그 무효 원인이 소멸한 후에 하여야 그 효력이 있다(대판 95다38240).

(2) 법정추인

> 제145조【법정추인】취소할 수 있는 법률행위에 관하여 전조의 규정에 의하여 추인할 수 있는 후에 다음 각 호의 사유가 있으면 추인한 것으로 본다. 그러나 이의를 보류한 때에는 그러하지 아니하다.
> 1. 전부나 일부의 이행
> 2. 이행의 청구(취소권자가 상대방에게 이행을 청구한 경우만)
> 3. 경개(취소할 수 있는 법률행위로 인하여 발생한 채무를 소멸시키고 그 대신 다른 채무를 성립시키기로 하는 계약)
> 4. 담보의 제공(인적·물적 담보를 불문)
> 5. 취소할 수 있는 행위로 취득한 권리의 전부나 일부의 양도(취소권자가 양도한 경우만)
> 6. 강제집행

① 법정추인의 요건
  ㉠ 취소원인의 종료: 법정추인사유가 '추인할 수 있는 후'에, 즉 취소원인이 종료한 후에 발생하여야 한다. 취소권자가 취소권이 존재함을 알고 있을 필요는 없다.
  ㉡ 이의를 보류하지 않을 것: 이의를 보류한다는 것은 추인으로 간주되는 법률효과를 배제한다는 의사표시를 말한다. 예컨대 변제하면서 이는 추인하는 것이 아니라는 것을 명시하는 경우이다.

② 법정추인의 효과: 법정추인에 해당하는 사유가 있으면 통상의 추인과 마찬가지로 그 법률행위는 유효한 것으로 확정되므로 취소권을 행사할 수 없게 된다.

민법상 추인	
무권대리 추인(제133조), 무권리자 추인 유추적용	소급효: 유동적 무효에서 추인하면 소급하여 유효
무효행위 추인(제139조), 취소한 행위의 추인	1. 소급효 ×: 추인하여도 무효이다. 다만 추인하면 그 때부터 새로운 행위를 한 것으로 본다. 2. 무효원인이 소멸한 후, 알고 해야 한다. 3. 강행규정 위반, 반사회질서, 불공정 법률행위 적용 ×
취소할 수 있는 행위의 추인(제141조)	1. 소급효 ×: 유동적 유효에서 확정적 유효 2. 취소원인이 소멸한 후, 알고 해야 한다.

5. 취소권의 행사기간

> 제146조【취소권의 소멸】취소권은 추인할 수 있는 날로부터 3년 내에 법률행위를 한 날로부터 10년 내에 행사하여야 한다.

법률행위를 취소할 수 있는 권리는 형성권으로서 민법 제146조에 규정된 취소권의 존속기간은 제척기간이라고 보아야 할 것이지만, 그 제척기간 내에 소(訴)를 제기하는 방법으로 권리를 재판상 행사하여야만 되는 것은 아니고, 재판 외에서 의사표시를 하는 방법으로도 권리를 행사할 수 있다(대판 92다52795).

제6절 ▎ 조건과 기한(법률행위의 부관)

Ⅰ. 총설

① 당사자가 법률행위를 하면서 그 법률행위의 효력의 발생 또는 소멸에 관하여 장래의 일정한 사실에 의존시키는 경우에 법률행위에 부가되는 약관을 '법률행위의 부관(附款)'이라고 한다.
② 법률행위의 부관은 법률행위의 효력의 발생 또는 소멸에 관한 것이지 법률행위의 성립에 관한 것은 아니다.

Ⅱ. 조건(條件)

1. 의의

① 조건은 법률행위의 효력의 발생 또는 소멸을 장래의 불확실한 사실의 성부에 의존케 하는 법률행위의 부관을 말하며 조건이 붙은 법률행위를 '조건부 법률행위'라고 한다.
② 조건이 되려면 조건의사와 그 표시가 필요하므로, 조건의사가 있더라도 그것이 외부에 표시되지 않으면 법률행위의 동기에 불과할 뿐이고 그것만으로는 법률행위의 부관으로서의 조건이 되는 것은 아니다(대판 2003다10797).
③ 조건은 당사자가 의사표시를 통해 임의로 부가하여 법률행위의 내용으로 삼은 것이다. 따라서 법률상 당연히 요구되는 법정조건은 조건이 아니다(법인설립에 있어서 주무관청의 허가).

2. 조건의 종류
(1) 정지조건과 해제조건

① 정지조건(停止條件)
  ㉠ 정지조건이란 법률행위의 효력의 발생을 장래의 불확실한 사실에 의존케하는 조건을 말한다(시험에 합격하면 자동차를 사주겠다).
  ㉡ 정지조건 있는 법률행위는 조건이 성취한 때로부터 그 효력이 생긴다(제147조 제1항).
② 해제조건(解除條件)
  ㉠ 해제조건이란 법률행위의 효력의 소멸을 장래의 불확실한 사실에 의존케 하는 조건을 말한다(예 시험에 합격할 때까지 매월 100만 원씩 주겠다).
  ㉡ 해제조건 있는 법률행위는 조건이 성취한 때로부터 그 효력을 잃는다(제147조 제2항).

(2) 가장조건(假裝條件)

> 제151조【불법조건, 기성조건】① 조건이 선량한 풍속 기타 사회질서에 위반한 것인 때에는 그 법률행위는 무효로 한다.
> ② 조건이 법률행위의 당시 이미 성취한 것인 경우에는 그 조건이 정지조건이면 조건 없는 법률행위로 하고 해제조건이면 그 법률행위는 무효로 한다.
> ③ 조건이 법률행위의 당시에 이미 성취할 수 없는 것인 경우에는 그 조건이 해제조건이면 조건 없는 법률행위로 하고 정지조건이면 그 법률행위는 무효로 한다.

① 의의: 가장조건이란 '외관상 조건처럼 보이지만, 실질적으로는 조건으로서의 효력이 인정되지 못하는 것'을 말한다. 이러한 가장조건에는 불법조건, 기성조건, 불능조건 등이 있다.
② 불법조건: 조건부 법률행위에 있어 조건의 내용 자체가 불법적인 것이어서 무효일 경우 또는 조건을 붙이는 것이 허용되지 아니하는 법률행위에 조건을 붙인 경우 그 조건만을 분리하여 무효로 할 수는 없고 그 법률행위 전부가 무효로 된다(대결 2005마541).
③ 기성조건(既成條件): 조건이 법률행위의 당시 이미 성취한 것(기성조건)인 경우에는 그 조건이 정지조건이면 조건 없는 법률행위로 하고 해제조건이면 그 법률행위는 무효로 한다(제151조 제2항).
④ 불능조건(不能條件): 조건이 법률행위의 당시에 이미 성취할 수 없는 것(불능조건)인 경우에는 그 조건이 해제조건이면 조건 없는 법률행위로 하고 정지조건이면 그 법률행위는 무효로 한다(제151조 제3항).

3. 조건을 붙일 수 없는 법률행위

(1) 단독행위

취소·해제·해지·철회·상계·환매권 행사 등의 단독행위에는 원칙적으로 조건을 붙이지 못한다. 다만, 상대방의 동의가 있는 경우 또는 채무면제·유언·유증처럼 상대방에게 이익만을 주는 경우에는 가능하다.

(2) 가족법상의 행위(신분행위)

혼인·인지·입양이나 상속의 승인·포기 등에는 조건을 붙일 수 없다.

(3) 위반의 효과

조건과 친하지 않은 법률행위에 조건을 붙인 경우에는 그 법률행위는 원칙적으로 전부무효가 된다(대판 2005마541).

4. 조건부 법률행위의 효력

> 제147조【조건성취의 효과】① 정지조건 있는 법률행위는 조건이 성취한 때로부터 그 효력이 생긴다.
> ② 해제조건 있는 법률행위는 조건이 성취한 때로부터 그 효력을 잃는다.
> ③ 당사자가 조건성취의 효력을 그 성취 전에 소급하게 할 의사를 표시한 때에는 그 의사에 의한다.

> **제148조【조건부권리의 침해금지】** 조건 있는 법률행위의 당사자는 조건의 성부가 미정한 동안에 조건의 성취로 인하여 생길 상대방의 이익을 해하지 못한다.
> **제149조【조건부권리의 처분 등】** 조건의 성취가 미정한 권리의무는 일반규정에 의하여 처분, 상속, 보존 또는 담보로 할 수 있다.

(1) 조건의 성부 확정 전의 효력

① 조건부권리의 침해금지: 조건 있는 법률행위의 당사자는 조건의 성부가 미정인 동안에 조건 성취로 인해 생길 상대방의 이익을 해하지 못한다(제148조).

② 조건부권리의 처분 등: 조건부권리·의무는 일반규정에 따라 처분·상속·보존 또는 담보로 할 수 있다(제149조). 조건부권리는 물권과 같은 배타적 효력을 갖지 않지만 가등기를 경료한 경우에는 순위보전적 효력을 가진다.

(2) 조건성취 후의 효력

① 조건성취의 효과: 정지조건부 법률행위의 경우 조건이 성취되면 법률행위의 효력이 생기고, 조건이 불성취로 확정되면 법률행위는 확정적으로 무효가 된다. 해제조건부 법률행위에서는 조건이 성취되면 그 법률행위의 효력은 소멸하고, 조건이 불성취로 확정되면 법률행위는 조건 없는 법률행위로서 확정적으로 유효해진다.

② 효력발생의 시기
  ㉠ 원칙: 조건성취의 효력은 원칙적으로 조건 성취 시부터 발생하고 소급하지 않는다.
  ㉡ 예외: 당사자가 조건성취의 효력을 성취 전에 소급하게 할 의사를 표시한 때에는 그 성취 전으로 소급할 수 있다.

③ 입증책임
  ㉠ 정지조건부 법률행위라는 사실: 어떠한 법률행위가 정지조건부 법률행위에 해당한다는 사실에 대한 주장·입증책임은 그 법률행위로 인한 법률효과의 발생을 저지하는 사유로서 그 법률효과의 발생을 다투려는 자에게 있다(대판 93다20832).
  ㉡ 정지조건 성취사실: 정지조건부 법률행위에 있어서 조건성취의 사실은 이에 의해 권리를 취득하고자 하는 측이 입증해야 한다(대판 84다카967). 따라서 정지조건부 채권양도에 있어서 정지조건이 성취되었다는 사실은 채권양도의 효력을 주장하는 자에게 증명책임이 있다(대판 81다카692).

(3) 조건의 성취, 불성취에 대한 반신의행위

① 조건의 성취로 의제되는 경우
  ㉠ 조건의 성취로 인하여 불이익을 받을 당사자가 신의성실에 반하여 조건의 성취를 방해한 때에는 상대방은 그 조건이 성취한 것으로 주장할 수 있다(제150조 제1항).
  ㉡ 조건성취의 방해는 고의에 의한 것뿐만 아니라 과실에 의한 것도 포함한다(대판 98다42356).

② 조건의 불성취로 의제되는 경우: 조건의 성취로 인하여 이익을 받을 당사자가 신의성실에 반하여 조건을 성취시킨 때에는 상대방은 그 조건이 성취하지 아니한 것으로 주장할 수 있다 (제150조 제2항).

Ⅲ. 기한(期限)

1. 서설

(1) 기한의 의의

기한이란 법률행위의 효력의 발생이나 소멸 또는 채무의 이행을 장래에 발생하는 것이 확실한 사실에 의존케 하는 부관을 말한다. 기한은 장래의 일정한 사실에 법률행위의 효력을 의존시킨다는 점에서 조건과 같으나 그 발생이 확실하다는 점에서 그 발생 여부가 불확실한 조건과 다르다.

(2) 기한의 종류

> **제152조【기한도래의 효과】** ① 시기있는 법률행위는 기한이 도래한 때로부터 그 효력이 생긴다.
> ② 종기있는 법률행위는 기한이 도래한 때로부터 그 효력을 잃는다.

① 시기와 종기
  ㉠ 시기: 법률행위의 효력의 발생 또는 채무의 이행을 장래에 발생할 것이 확실한 사실에 의존케 하는 기한을 말한다(예 내년 1월 1일부터 매달 생활비를 주겠다).
  ㉡ 종기: 법률행위의 효력의 소멸을 장래에 발생할 것이 확실한 사실에 의존케 하는 기한을 말한다(예 내년 12월 31일까지 생활비를 지급하겠다).
② 확정기한과 불확정기한
  ㉠ 확정기한: '내년 1월 1일'과 같이 발생시기가 확정되어 있는 기한을 말한다.
  ㉡ 불확정기한: '甲이 사망하면' 등과 같이 그 도래시기가 불확정한 기한을 말한다.
③ 당사자가 불확정한 사실이 발생한 때를 이행기한으로 정한 경우, 그 사실이 발생한 때는 물론 그 사실의 발생이 불가능하게 된 때에도 그 이행기한은 도래한 것으로 보아야 한다 (대판 2005다67353).

2. 기한을 붙일 수 없는 법률행위

(1) 가족법상의 행위

법률행위의 효과가 곧 발생할 것이 요구되는 경우에는 시기를 붙이는 것이 허용되지 않는데 혼인·인지 등의 가족법상의 행위에는 시기를 붙이지 못한다.

(2) 소급효 있는 법률행위

소급효 있는 법률행위에 시기를 붙이는 것은 무의미하므로 취소·상계 등에는 기한을 붙일 수 없으나 동의가 있는 경우 조건을 붙일 수 있다.

3. 기한부 법률행위의 효력

(1) 기한도래 전의 효력

기한부권리도 조건부권리와 마찬가지로 기대권으로서 기한도래 전이라도 침해가 금지되며(제148조, 제154조) 처분·상속·보존·담보의 목적으로 할 수 있다(제149조, 제154조).

(2) 기한도래 후의 효력

기한도래에는 소급효가 없으며, 당사자의 약정으로도 소급하지 못한다(조건과 구별).

4. 기한의 이익

> **제153조【기한의 이익과 그 포기】** ① 기한은 채무자의 이익을 위한 것으로 추정한다.
> ② 기한의 이익은 이를 포기할 수 있다. 그러나 상대방의 이익을 해하지 못한다.

(1) 의의

기한의 이익이란 기한이 도래하지 않음으로 인하여 당사자가 받는 이익을 말한다.

(2) 기한의 이익을 가지는 자

기한의 이익이 누구를 위해 존재하는지 분명하지 않은 경우에는 채무자의 이익을 위한 것으로 추정한다(제153조 제1항).

(3) 기한의 이익의 포기

기한의 이익을 가지는 자는 그것을 포기할 수 있으나 상대방의 이익을 해하지 못한다(제153조). 따라서 채무자는 본래의 이행기까지의 이자를 지급하고서 기한 전에 채무변제를 할 수 있다. 기한의 이익을 포기하면 기한이 도래한 것과 같은 효과가 발생한다.

(4) 기한의 이익의 상실

> **제388조【기한의 이익의 상실】** 채무자는 다음 각 호의 경우에는 기한의 이익을 주장하지 못한다.
> 1. 채무자가 담보를 손상, 감소 또는 멸실하게 한 때
> 2. 채무자가 담보제공의 의무를 이행하지 아니한 때

Plus 보충 기한이익의 상실특약

① **정지조건부 기한이익상실의 특약**: 정지조건부 기한이익상실의 특약이란 일정한 사유가 발생하면 채권자의 청구 등을 요함이 없이 당연히 기한의 이익이 상실되어 이행기가 도래하는 것으로 하는 약정을 말한다.
② **형성권적 기한이익상실의 특약**: 형성권적 기한이익상실의 특약이란 일정한 사유가 발생한 후 채권자의 통지나 청구 등 채권자의 의사행위를 기다려 비로소 이행기가 도래하는 것으로 하는 약정을 말한다.
③ **구별 기준**: 기한이익의 상실특약이 있는 때에 위의 양자 중 어느 것에 해당하느냐는 당사자의 의사해석의 문제지만 일반적으로 명백히 정지조건부 기한이익상실의 특약이라고 볼 만한 특별한 사정이 없는 이상 형성권적 기한이익상실의 특약으로 추정하는 것이 타당하다(대판 2008다42416·42423).

adm.Hackers.com

해커스행정사
adm.Hackers.com

제6장

기간

제6장 기간

> 제155조 【본장의 적용범위】 기간의 계산은 법령, 재판상의 처분 또는 법률행위에 다른 정한 바가 없으면 본장의 규정에 의한다.
> 제156조 【기간의 기산점】 기간을 시, 분, 초로 정한 때에는 즉시로부터 기산한다.
> 제157조 【기간의 기산점】 기간을 일, 주, 월 또는 연으로 정한 때에는 기간의 초일은 산입하지 아니한다. 그러나 그 기간이 오전 영시로부터 시작하는 때에는 그러하지 아니하다.
> 제158조 【나이의 계산과 표시】 나이는 출생일을 산입하여 만(滿) 나이로 계산하고, 연수(年數)로 표시한다. 다만, 1세에 이르지 아니한 경우에는 월수(月數)로 표시할 수 있다.
> 제159조 【기간의 만료점】 기간을 일, 주, 월 또는 연으로 정한 때에는 기간말일의 종료로 기간이 만료한다.
> 제160조 【역에 의한 계산】 ① 기간을 주, 월 또는 연으로 정한 때에는 역에 의하여 계산한다.
> ② 주, 월 또는 연의 처음으로부터 기간을 기산하지 아니하는 때에는 최후의 주, 월 또는 연에서 그 기산일에 해당한 날의 전일로 기간이 만료한다.
> ③ 월 또는 연으로 정한 경우에 최종의 월에 해당일이 없는 때에는 그 월의 말일로 기간이 만료한다.
> 제161조 【공휴일 등과 기간의 만료점】 기간의 말일이 토요일 또는 공휴일에 해당한 때에는 기간은 그 익일로 만료한다.

1. 기간의 의의

① 기간(期間)이란 어느 시점에서 어느 시점까지의 계속된 시간을 말한다. 따라서 일정한 시점을 가리키는 기일(期日)과는 구별된다.
② 기간의 계산에 관한 민법의 규정은 임의규정이고, 보충적 규정이다.
③ 민법의 기간에 관한 규정은 사법관계뿐만 아니라 공법관계에도 적용된다(대판 87다카2901).

2. 기간의 계산방법

(1) 시·분·초를 단위로 하는 기간의 계산법 → 자연적 계산방법

기간을 시·분·초로 정한 때에는 자연적 계산방법에 의한다. 즉, 즉시로부터 기산하며 기간의 만료점은 그 정하여진 시·분·초가 종료한 때이다(예 오후 1시 20분부터 5시간이라면 오후 6시 20분에 끝난다).

(2) 일·주·월·연을 단위로 하는 기간의 계산법 → 역법적 계산방법

① 기산점: 기간을 일·주·월·연으로 정한 때에는 기간의 초일은 산입하지 아니한다(제157조 본문). 즉, 익일부터 기산한다. 그러나 기간이 오전 0시부터 시작하는 때에는 초일을 산입한다(제157조 단서). 또한 연령의 계산에는 출생일을 산입한다(제158조).

② 만료점

　㉠ 기간을 일·주·월·연으로 정한 때에는 기간 말일의 종료로 기간이 만료한다(제159조). 따라서 1월 1일 오후 4시부터 5일 간의 기간이 만료되는 것은 1월 6일 오후 4시가 아니라 1월 6일 오후 12시가 된다. 정년이 53세라 함은 만 53세에 도달하는 날을 말하는 것이지, 만 53세가 만료하는 날을 의미하지는 않는다(대판 71다2669).

　㉡ 기간을 주·월·연으로 정한 때에는 日로 환산하지 않고 역(曆)에 의하여 계산한다(제160조 제1항). 따라서 월이나 연의 일수의 장단은 문제되지 않는다.

　㉢ 주·월·연의 처음으로부터 기간을 기산하지 아니한 때에는 최후의 주, 월 또는 연에서 그 기산일에 해당한 날의 전일(前日)로 기간이 만료한다(제160조 제2항). 예컨대 4월 15일에 '앞으로 1년'이라고 한 때에는 기산일은 4월 16일이 되고, 만료점은 그 다음해 4월 16일의 전일인 4월 15일 오후 12시이다.

　㉣ 기간을 월·연으로 정한 경우에 최종의 월에 해당일이 없는 때에는 그 월의 말일로 기간이 만료한다(제160조 제3항). 예컨대 1월 30일 오후 1시에 만나서 '앞으로 1개월'이라고 하면 1월 31일부터 기산하므로 만료점은 2월 30일이 되어야 하나 2월은 30일이 없으므로 2월의 말일인 2월 28일(윤년인 경우에는 29일) 오후 12시에 만료한다.

　㉤ 기간의 말일이 '토요일 또는 공휴일'에 해당하는 때에는 기간은 그 익일, 즉 다음 날이 종료한 때 만료한다(제161조). 공휴일에는 임시공휴일도 포함된다. 그러나 기간의 초일이 공휴일인 때에는 제161조를 적용하지 않는다(대판 81누204). 즉, 공휴일이더라도 초일부터 기산한다.

3. 기간의 역산방법

① 민법이 규정하고 있는 계산방법은 과거에 소급하여 계산하는 기간의 경우에도 유추적용된다.
② 예컨대 사단법인 총회의 소집은 1주간 전에 그 회의의 목적사항을 기재한 통지를 발하고 기타 정관에 정한 방법에 의하여야 한다(제71조).
③ 사원총회일이 1월 15일이라고 한다면, 14일이 기산점(초일불산입 원칙)이 되어 그날로부터 역으로 7일을 계산한 날의 말일인 1월 8일 오전 0시에 만료한다. 따라서 1월 7일 중으로 총회소집통지가 발송되어야 한다.

해커스행정사
adm.Hackers.com

제7장

소멸시효

제7장 소멸시효

제1절 ▎ 서설

1. 시효

① 시효란 일정한 사실상태가 일정기간 계속된 경우에 진실한 권리관계와 일치하는지를 묻지 않고 그 사실상태를 존중하여 권리의 취득 또는 권리의 소멸이라는 법률효과를 발생시키는 법률요건을 말한다.
② 시효는 재산권에 관한 것이며, 가족관계에 대해서는 적용되지 않는다. 시효에 관한 규정은 공익과도 관련되기 때문에 '강행규정'이다.
③ 시효에는 권리행사라는 외관이 일정기간 계속된 경우에 권리취득의 효과를 부여하는 취득시효와 권리불행사라는 사실상태가 일정기간 계속된 경우에 권리소멸의 효과를 부여하는 소멸시효의 두 가지가 있다.

2. 제척기간

① 제척기간이란 일정한 권리에 관하여 법률이 예정하는 존속기간을 말하며(통설), 그 기간 내에 권리를 행사하지 않으면 그 권리는 당연히 소멸한다. 제척기간을 두는 이유는 그 권리를 중심으로 하는 법률관계를 조속히 확정하려는 데 있다.
② 소멸시효와의 차이점

구분	소멸시효	제척기간
제도 취지	사회질서의 안정, 입증곤란의 구제, 권리행사의 태만에 대한 제재	법률관계를 조속히 확정
구별기준	'시효로 인하여'라는 규정이 있으면	'시효로 인하여'라는 규정이 없으면
권리소멸 시기	기산일에 소급하여 권리소멸	장래에 향하여 권리가 소멸
소송상의 주장	시효소멸을 주장해야 함	직권으로 조사
중단, 정지	○	×
이익의 포기	시효이익을 포기 가능	불가
단축·경감	법률행위로 단축·경감 가능	불가

3. 형성권의 존속기간

① 형성권의 행사기간은 소멸시효기간이 아닌 제척기간이다. 형성권의 제척기간은 별도의 규정이나 당사자 간의 약정이 없는 한 10년으로 본다(판례).

판례

> 대물변제예약완결권은 일종의 형성권으로 당사자 사이에 그 행사기간을 약정한 때에는 그 기간 내에, 그러한 약정이 없는 때에는 그 권리가 발생한 때로부터 10년 내에 이를 행사하여야 하고, 이 기간을 도과한 때에는 예약완결권은 제척기간의 경과로 인하여 소멸한다(대판 97다12488).

② 형성권 행사로 발생한 채권의 행사기간: 형성권(취소권 등)과 형성권 행사로 발생하는 채권(부당이득반환청구권이나 원상회복청구권 등)은 별개이며, 형성권 행사로 발생하는 채권은 형성권 행사시로부터 별도로 10년의 소멸시효(일반채권의 경우)가 적용된다(판례).

4. 제척기간과 소멸시효의 경합

제척기간이 정하여진 청구권에 대하여도 소멸시효가 적용될 수 있다.

판례

> 매도인에 대한 하자담보에 기한 손해배상청구권에 대하여는 민법 제582조의 제척기간이 적용되고, 이는 법률관계의 조속한 안정을 도모하고자 하는 데에 취지가 있다. 그런데 하자담보에 기한 매수인의 손해배상청구권은 권리의 내용·성질 및 취지에 비추어 민법 제162조 제1항의 채권 소멸시효의 규정이 적용되고, 민법 제582조의 제척기간 규정으로 인하여 소멸시효 규정의 적용이 배제된다고 볼 수 없으며, 이때 다른 특별한 사정이 없는 한 무엇보다도 매수인이 매매 목적물을 인도받은 때부터 소멸시효가 진행한다고 해석함이 타당하다(대판 2011다10266).

제2절 ▌ 소멸시효의 요건

1. 서설

시효로 인하여 권리가 소멸하려면 ① 권리가 소멸시효의 목적이 될 수 있는 것이어야 하고(소멸시효의 대상적격), ② 권리자가 법률상 권리를 행사할 수 있음에도 불구하고 행사하지 않아야 하며(소멸시효의 기산점), ③ 이러한 권리불행사의 상태가 일정기간 계속되어야 하는(소멸시효기간) 3가지의 요건이 갖추어져야 한다.

2. 소멸시효의 대상인 권리

> **제162조【채권, 재산권의 소멸시효】** ① 채권은 10년간 행사하지 아니하면 소멸시효가 완성한다.
> ② 채권 및 소유권 이외의 재산권은 20년간 행사하지 아니하면 소멸시효가 완성한다.

(1) 채권
① 채권은 소멸시효에 걸린다(제162조 제1항). 소유권이전등기청구권도 원칙적으로 채권이므로 10년의 소멸시효에 걸린다. 단 매수인이 목적부동산을 인도받아 계속 점유하는 경우에는 그 소유권이전등기청구권의 소멸시효가 진행하지 않는다. 그 점유를 승계하여 준 경우에도 마찬가지이다(판례).
② 근저당권설정 약정에 의한 근저당권설정등기청구권이 그 피담보채권이 될 채권과 별개로 소멸시효에 걸린다(대판 2002다7213).

(2) 소유권 이외의 재산권
① 소유권과 소유권에 기한 물권적 청구권은 소멸시효에 걸리지 않는다.
② 점유권은 점유라는 사실상태에 따르는 물권이므로 성질상 소멸시효가 문제되지 않는다.
③ 용익물권 중 지역권은 소멸시효의 대상이 된다.
④ 담보물권은 피담보채권이 존속하는 한 독립하여 소멸시효에 걸리지 않는다.
⑤ 형성권에 관하여 존속기간이 정하여져 있는 경우에, 그것은 제척기간이라고 보아야 한다.
⑥ 가족권·인격권 같은 비재산권은 소멸시효에 걸리지 않는다.

3. 소멸시효의 기산점(권리의 불행사)

> **제166조【소멸시효의 기산점】** ① 소멸시효는 권리를 행사할 수 있는 때로부터 진행한다.
> ② 부작위를 목적으로 하는 채권의 소멸시효는 위반행위를 한 때로부터 진행한다.

(1) '권리를 행사할 수 있는 때'의 의미
소멸시효는 객관적으로 권리가 발생하여 그 권리를 행사할 수 있는 때로부터 진행하고 그 권리를 행사할 수 없는 동안만은 진행하지 않는바, '권리를 행사할 수 없는' 경우라 함은 그 권리행사에 법률상의 장애사유, 예컨대 기간의 미도래나 조건 불성취 등이 있는 경우를 말하는 것이고, 사실상 권리의 존재나 권리행사 가능성을 알지 못하였고 알지 못함에 과실이 없다고 하여도 이러한 사유는 법률상 장애사유에 해당하지 않는다(대판 98다42929).

(2) 각종 권리에서 소멸시효의 기산점

권리	소멸시효 기산점
기한을 정하지 않은 권리	권리가 발생한 때(채권성립 시)
확정기한부권리	기한이 도래한 때
불확정기한부권리	기한이 객관적으로 도래한 때(선의, 무과실 불요)
정지조건부권리	조건의 성취 시
부작위채권	위반행위를 한 때
채무불이행에 의한 손해배상청구권	채무불이행 시
동시이행의 항변권이 붙은 채권	동시이행관계와 상관없이 이행기부터

(3) 소멸시효의 기산일과 변론주의

소멸시효의 기산일은 변론주의의 적용대상이므로 당사자가 주장하는 날을 기준으로 판단한다.

판례

> 소멸시효의 기산일은 채무의 소멸이라고 하는 법률효과 발생의 요건에 해당하는 소멸시효기간 계산의 시발점으로서 소멸시효 항변의 법률요건을 구성하는 구체적인 사실에 해당하므로 이는 변론주의의 적용대상이고, 따라서 본래의 소멸시효 기산일과 당사자가 주장하는 기산일이 서로 다른 경우에는 변론주의의 원칙상 법원은 당사자가 주장하는 기산일을 기준으로 소멸시효를 계산하여야 하는데, 이는 당사자가 본래의 기산일보다 뒤의 날짜를 기산일로 하여 주장하는 경우는 물론이고 특별한 사정이 없는 한 그 반대의 경우에 있어서도 마찬가지이다(대판 94다35886).

4. 소멸시효기간

(1) 보통의 채권

> 제162조 【채권, 재산권의 소멸시효】 ① 채권은 10년간 행사하지 아니하면 소멸시효가 완성한다.

(2) 단기소멸시효기간에 걸리는 채권

① 3년의 단기소멸시효 채권

> 제163조 【3년의 단기소멸시효】 다음 각 호의 채권은 3년간 행사하지 아니하면 소멸시효가 완성한다.
> 1. 이자, 부양료, 급료, 사용료 기타 1년 이내의 기간으로 정한 금전 또는 물건의 지급을 목적으로 한 채권
> 2. 의사, 조산사, 간호사 및 약사의 치료, 근로 및 조제에 관한 채권
> 3. 도급받은 자, 기사 기타 공사의 설계 또는 감독에 종사하는 자의 공사에 관한 채권
> 4. 변호사, 변리사, 공증인, 공인회계사 및 법무사에 대한 직무상 보관한 서류의 반환을 청구하는 채권(세무사 ×)
> 5. 변호사, 변리사, 공증인, 공인회계사 및 법무사의 직무에 관한 채권
> 6. 생산자 및 상인이 판매한 생산물 및 상품의 대가
> 7. 수공업자 및 제조자의 업무에 관한 채권

② 1년의 단기소멸시효기간 채권

> 제164조 【1년의 단기소멸시효】 다음 각 호의 채권은 1년간 행사하지 아니하면 소멸시효가 완성한다.
> 1. 여관, 음식점, 대석, 오락장의 숙박료, 음식료, 대석료, 입장료, 소비물의 대가 및 체당금의 채권
> 2. 의복, 침구, 장구 기타 동산의 사용료의 채권
> 3. 노역인, 연예인의 임금 및 그에 공급한 물건의 대금채권
> 4. 학생 및 수업자의 교육, 의식 및 유숙에 관한 교주, 숙주, 교사의 채권

민법 제164조는 그 각 호에서 개별적으로 정하여진 채권의 채권자가 그 채권의 발생원인이 된 계약에 기하여 상대방에 대하여 부담하는 반대채무에 대하여는 적용되지 아니한다(대판 2013다65178).

(3) 판결 등에 의해 확정된 채권

> **제165조【판결 등에 의하여 확정된 채권의 소멸시효】** ① 판결에 의하여 확정된 채권은 단기의 소멸시효에 해당한 것이라도 그 소멸시효는 10년으로 한다.
> ② 파산절차에 의하여 확정된 채권 및 재판상의 화해, 조정 기타 판결과 동일한 효력이 있는 것에 의하여 확정된 채권도 전항과 같다.
> ③ 전 2항의 규정은 판결확정 당시에 변제기가 도래하지 아니한 채권에 적용하지 아니한다.

(4) 기타 재산권의 소멸시효기간

> **제162조【채권, 재산권의 소멸시효】** ② 채권 및 소유권 이외의 재산권은 20년간 행사하지 아니하면 소멸시효가 완성한다.

판례

어떤 권리의 소멸시효기간이 얼마나 되는지에 관한 주장은 단순한 법률상의 주장에 불과하므로 변론주의의 적용대상이 되지 않고 법원이 직권으로 판단할 수 있다(대판 2006다70929·70936).

소멸시효의 기산점	변론주의 적용 ○(당사자 주장을 기준으로 판단)
소멸시효의 기간	변론주의 적용 ×(법원이 직권으로 판단)

제3절 ▌ 소멸시효의 중단과 정지

Ⅰ. 소멸시효의 중단

1. 소멸시효 중단의 의의

소멸시효의 중단이란 소멸시효가 진행하는 중간에 권리불행사라는 사실상태를 중단케 하는 권리자 또는 의무자의 일정한 행위가 있는 경우에 이미 경과한 시효기간을 소멸하게 하고, 그때부터 새로이 다시 소멸시효의 기간을 진행하게 하는 제도를 말한다. 소멸시효의 중단에 관한 규정(제168조 이하)은 취득시효에도 준용된다(제247조 제2항).

2. 소멸시효의 중단사유

> 제168조【소멸시효의 중단사유】소멸시효는 다음 각 호의 사유로 인하여 중단된다.
> 1. 청구
> 2. 압류 또는 가압류, 가처분
> 3. 승인

(1) 청구

청구란 권리자가 소멸시효로 인하여 이익을 얻는 자에 대하여 그의 권리내용을 주장하는 것을 총칭하는 것이다(제170조~제174조). 청구에는 재판상 청구, 파산절차참가, 지급명령, 화해를 위한 소환, 임의출석, 최고 등이 있다.

> 제170조【재판상의 청구와 시효중단】① 재판상의 청구는 소송의 각하, 기각 또는 취하의 경우에는 시효중단의 효력이 없다.
> ② 전항의 경우에 6월 내에 재판상의 청구, 파산절차참가, 압류 또는 가압류, 가처분을 한 때에는 시효는 최초의 재판상 청구로 인하여 중단된 것으로 본다.
> 제171조【파산절차참가와 시효중단】파산절차참가는 채권자가 이를 취소하거나 그 청구가 각하된 때에는 시효중단의 효력이 없다.
> 제172조【지급명령과 시효중단】지급명령은 채권자가 법정기간 내에 가집행신청을 하지 아니함으로 인하여 그 효력을 잃은 때에는 시효중단의 효력이 없다.
> 제173조【화해를 위한 소환, 임의출석과 시효중단】화해를 위한 소환은 상대방이 출석하지 아니하거나 화해가 성립되지 아니한 때에는 1월 내에 소를 제기하지 아니하면 시효중단의 효력이 없다. 임의출석의 경우에 화해가 성립되지 아니한 때에도 그러하다.
> 제174조【최고와 시효중단】최고는 6월 내에 재판상의 청구, 파산절차참가, 화해를 위한 소환, 임의출석, 압류 또는 가압류, 가처분을 하지 아니하면 시효중단의 효력이 없다.

시효중단사유로서 청구	
재판상의 청구	① 민사소송(형사 ×, 행정소송 ×) - 반소, 응소(직접의무 있는 자에 대한 응소만) 포함 ② 근저당권설정등기청구의 소의 제기는 그 피담보채권의 재판상의 청구에 준하는 것 ③ 승소 확정판결을 받은 채권자가 그 판결상 채권의 시효중단을 위해 후소를 제기하는 경우, 이행소송 또는 재판상 청구가 있다는 점에 대하여만 확인을 구하는 형태의 새로운 방식의 확인소송도 가능 ④ 각하, 기각 또는 취하의 경우에는 시효중단 ×. 단, 최고 ○ ➡ 6월 내에 재판상의 청구 등을 한 때에는 시효는 최초의 재판상 청구로 인하여 중단된 것으로 본다. ⑤ 중단된 시효는 재판확정시부터 새로이 진행
파산절차참가	채권자가 이를 취소하거나 그 청구가 각하된 때에는 시효중단의 효력이 없다.

지급명령	① 재판상의 청구에 지급명령 신청도 포함되므로 지급명령 신청이 각하된 경우라도 6개월 이내 다시 소를 제기한 경우라면 시효는 당초 지급명령 신청이 있었던 때에 중단되었다고 보아야 한다. ② 채권자가 법정기간 내에 가집행신청을 하지 아니함으로 인하여 그 효력을 잃은 때에는 시효중단의 효력이 없다.
화해를 위한 소환, 임의 출석	상대방이 출석하지 아니 하거나 화해가 성립되지 아니한 때에는 1월 내에 소를 제기하지 아니하면 시효중단의 효력이 없다.
최고(이행의 청구)	6월 내에 재판상의 청구, 파산절차참가, 화해를 위한 소환, 임의출석, 압류 또는 가압류, 가처분을 하지 아니하면 시효중단의 효력이 없다.

(2) 압류 · 가압류 · 가처분

> **제175조【압류, 가압류, 가처분과 시효중단】** 압류, 가압류 및 가처분은 권리자의 청구에 의하여 또는 법률의 규정에 따르지 아니함으로 인하여 취소된 때에는 시효중단의 효력이 없다.
> **제176조【압류, 가압류, 가처분과 시효중단】** 압류, 가압류 및 가처분은 시효의 이익을 받은 자에 대하여 하지 아니한 때에는 이를 그에게 통지한 후가 아니면 시효중단의 효력이 없다.

① 압류 · 가압류 · 가처분은 그 집행을 신청한 때에 시효중단의 효력이 발생한다.
② 민법 제168조에서 가압류와 재판상의 청구를 별도의 시효중단사유로 규정하고 있는데 비추어 보면, 가압류의 피보전채권에 관하여 본안의 승소판결이 확정되었다고 하더라도 가압류에 의한 시효중단의 효력이 이에 흡수되어 소멸된다고 할 수 없다.
③ 당연무효의 가압류는 민법 제168조 제1호에 정한 소멸시효의 중단사유에 해당하지 않는다.
④ 배당요구는 민법 제168조 제2호의 압류에 준하는 것으로서 배당요구에 관련된 채권에 관하여 소멸시효를 중단하는 효력이 생긴다.
⑤ 가압류등기가 말소된 때 그 중단사유가 종료되어, 그때부터 새로 소멸시효가 진행한다(대판 2013다18622).

(3) 승인

> **제177조【승인과 시효중단】** 시효중단의 효력있는 승인에는 상대방의 권리에 관한 처분의 능력이나 권한있음을 요하지 아니한다.

① 의의: 시효중단사유로서 승인은 시효이익을 받을 자가 그 시효의 완성으로 권리를 상실하게 될 자에 대하여 그 권리가 존재함을 인식하고 있다는 뜻을 표시하는 것으로서, 그 법적 성질은 관념의 통지이다.
② 승인의 당사자
  ㉠ 승인을 할 수 있는 자는 시효이익을 받을 자 및 그의 대리인이고, 승인의 상대방은 시효의 완성으로 권리를 잃게 될 자 및 그의 대리인이다.
  ㉡ 승인은 권리의 존재를 인식하면서 하여야 한다.

ⓒ 시효중단의 효력 있는 승인에는 상대방의 권리에 관한 처분의 능력이나 권한 있음을 요하지 아니한다(제177조). 승인은 상대방의 권리의 존재를 인정하는 것에 불과하기 때문이다. 따라서 비법인 사단이 채무를 승인하는 것은 총유물의 관리·처분 행위가 아니다(판례).

③ 승인의 방법: 승인에는 특별한 방식이 요구되지 않으므로, 명시적으로 뿐만 아니라 묵시적으로도 할 수 있다. 시효완성 전에 채무의 일부를 변제한 경우에는, 그 수액에 관하여 다툼이 없는 한 채무승인으로서의 효력이 있어 시효중단의 효과가 발생한다(대판 95다39854).

④ 승인의 시기: 승인은 시효의 진행이 개시된 이후부터 시효가 완성되기 전까지만 할 수 있다. 그 이전에 승인을 하더라도 시효가 중단되지 않고 그 완성 후에는 시효이익의 포기의 문제로 될 뿐이다.

⑤ 입증책임: 소멸시효의 중단사유인 채무자의 승인이 있었다는 사실은 이를 주장하는 채권자 측에서 입증하여야 한다.

3. 소멸시효 중단의 효력

(1) 기본적 효력

> 제178조【중단 후에 시효진행】 ① 시효가 중단된 때에는 중단까지에 경과한 시효기간은 이를 산입하지 아니하고 중단사유가 종료한 때로부터 새로이 진행한다.
> ② 재판상의 청구로 인하여 중단한 시효는 전항의 규정에 의하여 재판이 확정된 때로부터 새로이 진행한다.

(2) 시효중단의 인적 범위

① 원칙

> 제169조【시효중단의 효력】 시효의 중단은 당사자 및 그 승계인간에만 효력이 있다.

② 예외: 다음의 경우에는 시효중단의 효력이 미치는 인적범위가 확대된다.
  ㉠ 압류·가압류·가처분은 시효의 이익을 받은 자에 대하여 하지 아니한 때에는 이를 그에게 통지한 후가 아니면 시효중단의 효력이 없다(제176조). 따라서 물상보증인의 재산에 대하여 압류를 한 경우에 이를 주채무자에게 통지하면 채무자에게도 시효가 중단된다.
  ㉡ 어느 연대채무자에 대한 이행청구는 다른 연대채무자에게도 효력이 있다(제416조).
  ㉢ 주채무자에 대한 시효의 중단은 보증인에 대하여 그 효력이 있다(제440조).

Ⅱ. 소멸시효의 정지

1. 소멸시효 정지의 의의

소멸시효의 정지는, 시효가 거의 완성될 무렵에 권리자가 시효를 중단시키는 행위를 할 수 없거나 그 행위를 하는 것이 곤란한 경우에, 그 사유가 소멸한 후 일정기간이 경과한 시점까지 시효의 완성을 유예하는 것을 말한다. 시효의 정지는 정지사유가 소멸된 후 일정한 유예기간이 경과하면 시효는 완성한다. 이점에서 이미 경과한 시효기간이 없었던 것으로 되는 시효의 중단과 다르다.

2. 소멸시효의 정지사유

(1) 제한능력자를 위한 정지

> 제179조【제한능력자의 시효정지】소멸시효의 기간만료 전 6개월 내에 제한능력자에게 법정대리인이 없는 경우에는 그가 능력자가 되거나 법정대리인이 취임한 때부터 6개월 내에는 시효가 완성되지 아니한다.
> 제180조【재산관리자에 대한 제한능력자의 권리, 부부 사이의 권리와 시효정지】① 재산을 관리하는 아버지, 어머니 또는 후견인에 대한 제한능력자의 권리는 그가 능력자가 되거나 후임 법정대리인이 취임한 때부터 6개월 내에는 소멸시효가 완성되지 아니한다.

(2) 혼인관계의 종료에 의한 정지

> 제180조【재산관리자에 대한 제한능력자의 권리, 부부 사이의 권리와 시효정지】② 부부 중 한쪽이 다른 쪽에 대하여 가지는 권리는 혼인관계가 종료된 때부터 6개월 내에는 소멸시효가 완성되지 아니한다.

(3) 상속재산에 관한 정지

> 제181조【상속재산에 관한 권리와 시효정지】상속재산에 속한 권리나 상속재산에 대한 권리는 상속인의 확정, 관리인의 선임 또는 파산선고가 있는 때로부터 6월 내에는 소멸시효가 완성하지 아니한다.

(4) 사변에 의한 정지

> 제182조【천재 기타 사변과 시효정지】천재 기타 사변으로 인하여 소멸시효를 중단할 수 없을 때에는 그 사유가 종료한 때로부터 1월 내에는 시효가 완성하지 아니한다.

제4절 ▎소멸시효의 효력

1. 소멸시효 완성의 효과

당사자의 원용이 없어도 시효완성의 사실로서 채무는 당연히 소멸되는 것이고, 다만 변론주의의 원칙상 소멸시효의 이익을 받을 자가 그것을 포기하지 않고 실제 소송에 있어서 권리를 주장하는 자에 대항하여 시효소멸의 이익을 받겠다는 뜻을 항변하지 않는 이상 그 의사에 반하여 재판할 수 없을 뿐이다(판례).

2. 소멸시효의 주장을 할 수 있는 자

① 소멸시효 완성을 원용할 수 있는 자는 권리의 소멸에 의하여 직접 이익을 받는 자에 한정한다(판례).
② 직접 이익을 받는 자는 채무자뿐만 아니라, 가등기담보가 설정된 부동산의 양수인, 물상보증인, 사해행위취소소송의 상대방이 된 사해행위의 수익자도 이에 해당한다.
③ **소멸시효와 신의칙**: 채무자의 소멸시효에 기한 항변권의 행사도 우리 민법의 대원칙인 신의성실의 원칙과 권리남용금지의 원칙의 지배를 받는 것이어서, 채무자가 시효완성 전에 채권자의 권리행사나 시효중단을 불가능 또는 현저히 곤란하게 하거나 그러한 조치가 불필요하다고 믿게 하는 행동을 하였거나, 객관적으로 채권자가 권리를 행사할 수 없는 장애사유가 있었거나, 또는 일단 시효완성 후에 채무자가 시효를 원용하지 아니할 것 같은 태도를 보여 권리자로 하여금 그와 같이 신뢰하게 하였거나, 채권자 보호의 필요성이 크고 같은 조건의 다른 채권자가 채무의 변제를 수령하는 등의 사정이 있어 채무 이행의 거절을 인정함이 현저히 부당하거나 불공평하게 되는 등의 특별한 사정이 있는 경우에 한하여 채무자가 소멸시효의 완성을 주장하는 것이 신의성실의 원칙에 반하여 권리남용으로서 허용될 수 없다(대판 98다42929).

3. 소멸시효의 소급효

> 제167조【소멸시효의 소급효】소멸시효는 그 기산일에 소급하여 효력이 생긴다.

4. 종속된 권리에 대한 소멸시효의 효력

> 제183조【종속된 권리에 대한 소멸시효의 효력】주된 권리의 소멸시효가 완성한 때에는 종속된 권리에 그 효력이 미친다.

원본채권이 시효로 소멸하면 지분권인 이자채권은 소멸시효가 아직 완성되지 않는 경우라도 역시 시효로 소멸한다.

5. 소멸시효의 이익의 포기

> 제184조 【시효의 이익의 포기 기타】 ① 소멸시효의 이익은 미리 포기하지 못한다.
> ② 소멸시효는 법률행위에 의하여 이를 배제, 연장 또는 가중할 수 없으나 이를 단축 또는 경감할 수 있다.

① 미리 포기할 수는 없지만 소멸시효가 완성한 후에 시효이익을 포기하는 것은 유효하다.

② 포기의 요건
  ㉠ 시효이익 포기의 의사표시를 할 수 있는 자는 시효완성의 이익을 받을 당사자 또는 대리인에 한정된다. 또한 시효이익의 포기는 처분행위이므로 포기하는 자가 처분능력과 처분권한을 가져야 한다. 이 점에서 이를 요하지 않는 승인(제177조)과 구별된다.
  ㉡ 시효이익 포기의 의사표시의 상대방은 진정한 권리자이다.
  ㉢ 포기의 의사표시는 명시적 또는 묵시적으로도 할 수 있다. 따라서 채권의 소멸시효가 완성된 후에 채무자가 그 기한의 유예를 요청하였다면, 그때에 소멸시효의 이익을 포기한 것으로 보아야 한다.
  ㉣ 포기가 유효하려면 포기하는 자가 시효완성의 사실을 알고 한 경우이어야 한다. 시효완성 후에 채무를 승인하거나 일부를 변제한 때에는 시효완성의 사실을 알고 그 이익을 포기한 것이라고 추정할 수 있다.

③ 포기의 효과
  ㉠ 포기를 하면 처음부터 시효의 이익이 생기지 않았던 것으로 된다. 채무자가 소멸시효 완성 후에 채권자에 대하여 채무를 승인함으로써 그 시효의 이익을 포기한 경우에는 그때부터 새로이 소멸시효가 진행한다(대판 2009다14340).
  ㉡ 소멸시효이익의 포기는 상대적이다. 따라서 시효이익을 받을 자가 수인인 경우에 그 1인이 포기하더라도 다른 사람에게는 영향을 미치지 않는다. 예컨대 주채무자의 시효이익의 포기는 보증인에 대해서는 그 효력이 없다(제433조 제2항 참조).

> **판례**
> 소멸시효 중단사유로서의 채무승인은 시효이익을 받는 당사자인 채무자가 소멸시효의 완성으로 채권을 상실하게 될 자에 대하여 상대방의 권리 또는 자신의 채무가 있음을 알고 있다는 뜻을 표시함으로써 성립하는 이른바 관념의 통지로 여기에 어떠한 효과의사가 필요하지 않다. 이에 반하여 시효완성 후 시효이익의 포기가 인정되려면 시효이익을 받는 채무자가 시효의 완성으로 인한 법적인 이익을 받지 않겠다는 효과의사가 필요하기 때문에 시효완성 후 소멸시효 중단사유에 해당하는 채무의 승인이 있었다 하더라도 그것만으로는 곧바로 소멸시효 이익의 포기라는 의사표시가 있었다고 단정할 수 없다(대판 2011다21556).